명상염불의 길

태백산 큰마음도량 아미타불

책을 내면서

내가 나를 찾기 위하여

　새벽어둠을 뚫고 떠오르는 태양처럼 우리가 염불수행을 하는 진정한 목적은 이렇게 보고 듣고 말하지만 알 수 없는 참마음을 깨달아 나고 죽음이라는 윤회가 끊어진 영원한 행복 안락한 정토를 이루기 위함입니다.

산승은 이를 위해 태백산에 명상염불도량을 개설하고 3년간 염불수행에 관한 법문을 하게 되었습니다. 이때 산승의 법문을 경청한 불자들이 이를 한 권의 책으로 만들어 염불정진의 좋은 길잡이를 삼게 해달라는 요청이 있었습니다.
이에 산승은 염불법문과 거기에 필요한 여러 자료를 총3장으로 정리하고 해설하였습니다.

제1장은 산승의 염불법문을 모아 정리하였습니다.

제2장은 정토계 경전에 있는 염불법문과 염불수행하신 여러 큰스님들의 염불법문의 핵심만을 모았으며,

제3장은 태백산 명상염불도량에서 일만일(일천일을 10차례 30년)염불수행에 관한 취지문 등의 글입니다.

본 책은 명상염불을 하는 사람에게 바른 신심과 수행에 좋은 길잡이가 되리라 생각합니다.

나무아미타불...

2025년 늦가을 원인비구 합장

목 차

제1장 염불수행의 기본

1 염불수행의 역사 10
2 염불수행의 기본 13
3 염불수행의 세 종류 19
4 명상염불이란 무엇인가 27
5 염불삼매 증득하는 실 32
6 염불은 모든 근기에 부합된다 37
7 왜 '나무아미타불'인가 39
8 극락정토에 대한 정의 41
9 정토왕생의 중요성 48
10 정토에 왕생하는 이치 51
11 염불로 업장소멸 한다는 뜻 56
12 정토에는 남녀가 없다 59
13 정토에서 인간 환생 되는가 61
14 정토왕생과 보살도 63
15 참선과 염불의 근본 66
16 화두선과 염불선 78

17 염불 참선의 근본 85
18 활구염불 하는 법 95
19 마음이 곧 부처라는 뜻 97
20 마음이 곧 정토라는 뜻 100
21 염불선의 요체 114
22 일념과 십념의 뜻 119
23 정토왕생과 보살정신 125
24 정토왕생의 가르침 131
25 극락정토 10종 공덕 138
26 염불수행 10종 공덕 141
27 염불수행 16종 공덕 145
28 염불수행 30종 공덕 148
29 정토에 갔다 온 스님 152
30 정토왕생 공덕과 영험 155

제2장 염불수행의 가르침

31 화엄경속에 염불법문 164
32 문수반야경 중요내용 166
33 반주삼매경 중요내용 168

34 아미타경의 중요내용 176
35 무량수경의 중요내용 180
36 관무량수경 중요내용 185
37 칭찬정토경 중요내용 190
38 보왕삼매론 중요내용 192
39 용수보살 염불법문 199
40 세친보살 염불법문 202
41 육조대사 염불법문 203
42 천태지자 염불법문 205
43 혜원대사 염불법문 207
44 원효대사 염불법문 209
45 영명대사 염불법문 212
46 보조국사 염불법문 214
47 태고선사 염불법문 216
48 서산대사 염불법문 217
49 비석화상 염불법문 220
50 우익대사 염불법문 222
51 덕청대사 염불법문 226
52 철오선사 염불법문 229
53 성암대사 염불법문 233
54 인광대사 염불법문 235

55 관정법사 염불법문 238
56 왕용서의 염불법문 240
57 광흠화상 염불법문 242
58 청화선사 염불법문 244
59 월인선사 염불법문 246
60 극락정토 권왕가 253
61 극락정토 왕생가 262

제3장 염불정진회

62 염불정진회 취지문 266
63 염불결사의 기본 268
64 염불결사의 마음가짐 271
65 염불정진의 조언 273

큰마음도량 연지에 핀 백련화

제1장 염불수행의 기본

태백산 큰마음도량 명상염불 정진

1 염불수행의 역사

염불수행법의 기원은 부처님께서 교화를 시작한지 30년이 지나 정토삼부경을 설하므로 인해 정토염불수행법이 세상에 나타났습니다.

석가모니 부처님께서 처음 보리수 아래에서 성도하시고 녹야원에서 다섯 비구에게 사성제를 설하므로 인해 이 세상에 최초로 불법승이라는 삼보가 성립되었습니다.

이와 같이 삼보가 현전하므로 인해 삼보에 귀의하는 의식이 생겨났고 염불은 이 가운데 부처님께 귀의한다는 "귀의불" 이것이 염불의 시작점이요 근원이라고 할 수 있습니다.

이렇게 부처님 초기 설법집인 아함경에 "염불 염법 염승이라는 가르침 이후 여러 근본불교 경전과 대승경전에도 염불법문이 설해져 있습니다.

극락정토에 대한 법문이 처음으로 시작된 것은 사위국 빈비사라왕과 왕비에게 서방정토에 왕생하는 염불법문을 설하셨으니 이것이 정토삼부경에 나오는 내용입니다.

부처님 열반하신 후 600년경 과거 세 부처님 후신이라는 용수(妙雲相佛의 化身 화엄경 편찬자) 마명(大光明佛의 化身 대승기신론저자) 세친(대승불교중흥자)이라는 성인들이 출현하여 염불수행의 체계를 세우셨고 이 가르침을 인도 중국 한국 일본으로 여러 선사들이 널리 펼치면서 염불수행이 보편화 되었습니다.

이처럼 염불의 역사는 곧 불교 역사와 함께 했다고 볼 수 있으며 부처님 말년에는 더욱 정토염불을 많이 강조 하셨는데 특히 이 가운데 말세가 되면 모든 법이 사라져도 오직 염불수행만이 남게 하여 두루 중생을 구제한다고 했습니다.

이러한 염불수행법은 부처님께서 간곡하게 말씀하신 법문 가운데 가장 핵심이 되는 가르침으로 대승보살의 원력과 궁극에 이르게 하는 큰 도가 있기에, 이는 시대를 넘어서 모든 중생들의 근기에 모두 부합되는 가르침이라고 할 수 있습니다.

2 염불수행의 기본

  염불수행의 기본으로 3가지가 있으니 첫째, 믿음 둘째, 원력 셋째, 수행정진입니다.

첫째, 믿음(信)에 다시 3가지가 있으니 ① 어떤 사심도 갖지 않는 순수한 마음가짐입니다. 즉 석가모니 부처님께서 설하신 정토삼부경 가르침과 그 내용에 있는 서방정토 극락세계가 실재적으로 존재한다는 믿음과 아미타불의 48대원을 굳게 믿고 의지하는 것입니다.

유마경에 이르기를 "서방정토에 왕생하려면 믿는 마음이 중요하다."라고 했으며 영명선사 종경록에 이르기를

"믿지 않는 사람에게는 어떤 부처가 와도 제도할 수 없다."라고 했습니다.

② 다음은 부처님 법에 대한 신심과 이해를 바탕으로 한 믿음이니 신해행증信解行證, 사성제四聖諦, 팔정도八正道, 육바라밀六波羅密에 대한 바른 이해를 가진 신심입니다.

③ 정토에 가기 위한 염불수행자는 아미타부처님의 48대원에 대한 확고한 믿음의 바탕에서 일으킨 마음입니다. 즉 이정토理淨土와 사정토事淨土에 대한 바른 이해와 신심을 바탕으로 염불할 때 올바른 신행이라고 할 수 있습니다.

화엄경에 이르기를 "신심은 도의 근원이며 모든 공덕의 근본이라. 일체 선근을 키운다."(信爲道元功德母 長養一切諸善根)라고 했으며 신심명에서는 신심은 둘 아님信心不二이요, 둘 아님이 바른 신심不二信心이라고 했습니다. 즉 믿음이란 상대적이 아니라 절대성 진리에 대한 믿음이 바른 믿음이라는 것입니다.

둘째, 발원發願에도 3가지 큰 뜻이 있으니 ① 바른 신심을 갖춘 사람이 원력이 없으면 마음의 그릇이 작아 무아無我 무심無心 무상無相이라는 대도를 실행하기 어렵고 또 소승적 근본불교무아론에 빠지면 대승적 모든 가르침과 위배되므로 중도실상에 들어가지 못합니다.

대부분의 중생은 '나'라는 소아적小我的 작은 마음과 이기심으로 살아가기 때문에 큰 도를 실행하기 어렵습니다.

그러므로 수행자는 반드시 대승원력이라는 큰마음으로 나아갈 때 큰도 大道를 닦을 수 있습니다. 이 때문에 선서禪書에 이르기를 "반야를 배우는 보살은 먼저 중생을 향하여 끝없이 가여워하는 대비심을 일으켜 맹세코 일체중생을 제도하겠다."學般若菩薩 先當起大悲心 誓度一切衆生라는 마음을 내야 한다고 했습니다. 이러한 빌원을 큰마음이라 하고 그 마음을 통해 큰길로 나아갈 수 있습니다.

② 원력이 없으면 목적 없는 항해와 같아 수행도중 마장을 만나거나 난관에 봉착했을 때 큰 길로 나아가지 못하고 타락할 수 있습니다. 그래서 대승원력인 큰마음을 가지지 않고는 큰 도를 이루기 어려운 것입니다.

③ 염불수행자는 아미타부처님의 48대 원력에 대한 깊은 이해와 믿음을 가

지고 함께 나아가는 것입니다. 만일 염불수행자에게 이러한 발원이 없으면 정토로 향하는 마음이 없으므로 정토왕생은 요원하다고 할 수 있습니다. 그러므로 원력은 정토로 가는 길에 흔들림 없는 확고부동한 마음을 갖게 합니다.

그럼 이 큰 원력을 어떻게 일으킬 수 있는가요. 먼저 순수한 마음과 바른 믿음에서 사심은 사라지고 무아無我라는 바탕에서 대승보살이라는 큰마음의 원력을 실현할 수 있습니다.

셋째, 실천行이란 신심과 원력을 가진 사람이 그 내용을 따라 끊임없이 실천 수행하는 것입니다. 아무리 신심과 발원이 있어도 실천수행하지 않으면 목적을 달성할 수 없기 때문입니다. 일찍이 원효대사께서 "수행이 따르지 않는 것은 설사 보배 있는 곳을 가르쳐주어도 실행하지 않는 것과 같다.如寶所導而不起行"라고 했습니다. 게으른 사람에게는 일천성인千聖이 와도 어찌하지 못할 것입니다.

이렇게 염불수행에 있어 그 기본을 갖추고 수행을 하면 정진도중 삿된 길로 빠지지 않을 뿐만 아니라 선신들의 사호를 빌고 마짓징에를 잘 극복할 수 있으니 염불하는 사람은 염불수행의 기본에 충실해야 합니다.

3 염불수행의 세 종류

  염불을 실천수행 함에 크게 세 종류가 있으니 그것은 칭명염불·명상염불·염불선이 있습니다.

칭명염불이란 일반적으로 '나무아미타불' 명호를 칭념하되 자신이 내는 소리를 듣거나 소리에 집중하여 잡념을 막고 의식세계를 맑혀가는 수행입니다. 그래서 칭명염불수행은 누구나 쉽게 염불공덕을 얻을 수 있습니다. 때문에 칭명염불은 염불수행자의 기본이라고 할 수 있습니다.

칭명염불의 구체적 수행방법으로 목탁을 치거나 염주 돌리며 염불하는 방법이 있고, 경행하고 보행하거나 일상생활 속에서 소리 내어 염불 방법이 있으며, 조용히 눈을 반개半開하고 앉아서 입술만 움직이며 염불하는 방법 등이 있습니다. 이렇게 칭명염불을 하는 사람은 처음에는 의식적으로 끊임없이 염불소리에 집중하여 의식계를 다스려 순일무잡한 경계에 들어가도록 해야 합니다.

이와 같이 칭명염불을 하다보면 자연히 소리 내지 않고 속으로 염불하는데 이것을 명상염불이라 합니다. 명상(觀照)염불은 밖으로 염불소리를 내지 않고 단정히 앉아 혀를 입천장에 붙이고 '아미타불' 넉자를 속으로 염송하되 염념(알아차림)이 상속하면 이것을 일행一行염불이라 합니다. 명상염불은 '아미타불' 넉자를 약간 빠른 속도로 의식을 집중하면서 끊임없이 부르고 염송하는 것입니다. 이와 같은 명상염불 방식이 염불수행의 가장 이상적인 방법이라고 할 수 있습니다.

염불선念佛禪이란 무아, 무상, 무심, 무념이라는 바탕에서 칭명염불이든 명상(觀照)염불이든 정진하는 것을 말합니다. 그러나 최상근기가 아니면 염불선의 바탕에서 정진하기가 쉽지 않으니 일반적으로는 칭명염불 명상염불 할 때 정신을 차리고 정진하면 됩니다.

여기에서 중요한 것은 염불선과 칭명염불 수행방법이 다르지 않고 다만 이 마음이 곧 아미타불이요, 마음이 곧 부처卽心卽佛라는 자성미타自性彌陀 유심정토唯心淨土 바탕에서 칭명염불과 명상염불을 하는 것을 염불선이라 합니다.

염불수행에도 다양한 방법이 있으나 기본적으로 이 3가지 수행방법에서 크게 벗어나지 않습니다. 우리가 만일 지극한 신심으로 칭명염불과 명상염불을 하다보면 저절로 염불몽중일여를 체험하며 마침내 염불삼매에 들어가게 됩니다.

문수반야경에 이르기를 "염불수행자는 마땅히 고요한 곳에 앉아 망상에 끌리지 말고 오직 일념으로 부처님 명호에 집중하되 생각생각 염불이 이어지면 일행삼매에 들어가게 되느니라." 하였습니다.

應處空閑 捨諸亂意 端身正坐 一佛專念稱名字 能於一佛 念念相續 如是入一行三昧

이렇게 염불할 때 정신 차리고 염불한다면 그것을 '칭명염불', '명상염불', '관조염불', '염불위빠사나' 등으로 말합니다. 여기서 중요한 것은 염불을 단순 기계적 반복하면 무기염불이 되어 공염불이 되고 소리를 크게 내면 소리에 따라가다가 지쳐버립니다. 그러므로 염불수행에 있어 가장 중요한 점은 염불을 기계적 반복이나 무의식적으로 하지 말고 염불하는 명호를 분명하게 관조(주시)해야 합니다.

그리고 소리 내는 칭명염불은 6자 명호인 '나무아미타불'을 염송하는 것이 좋고, 명상염불에서는 속으로 '나무'라는 두자는 빼고 "아미타불" 넉자만 집중반복해서 염송하면 쉽게 일념을 이룰 수 있습니다. 만일 마음이 산란하거나 망상이 심할 때는 여섯자 염불소리를 스스로 듣고 그것을 의식적으로 주시하면서 염불하면 망상에 빠지지 않고 염불할 수 있습니다. 다만 염불할 때 소리를 크게 내면 오히려 산란하여 집중력이 떨어지고 힘이 많이 들기 때문에 작은 소리로 천천히 염불하는 것이 좋습니다.

속으로 명상염불할 때 왜 '나무'라는 말을 빼고 '아미타불' 넉자만 하는지 알아야 합니다. '나무'라는 글자는 부처님 이름이 아니라 귀의한다는 뜻인데, 자성미타이므로 선禪에서는 따로 귀의할 대상을 두지 않고 바로 아미타불과 하나 되어야하기 때문입니다.

이미 우리는 본래 불성자리와 하나 되어있지만 망념에 의해 바르게 보지 못하고 있을 뿐입니다. 그래서 염불이란 분리된 이 마음을 염불로써 본래 하나임을 자각하고 염불에 집중한다면 저절로 부처님과 내가 본래 하나인 줄 깨닫고 생사윤회를 벗어나게 됩니다. 명상염불이 깊어지면 염불하는 자와 아미타불이 혼연 일체되어 의식 계를 초월하고 무념 무상염불이 되는데 이것을 염불선이라 합니다.

이 세상은 소리의 지배를 받기 때문에 옛 사람은 칭명염불을 권장하기도 했습니다. 능엄경에서는 대세지보살이 염불소리를 관하여 이근원통에 들고 염불삼매를 체득하는 이치를 밝혔습니다.

염불할 때 정신을 차리고 자신의 염불에 집중하되 속으로 염불소리 듣는 놈을 돌이켜 비추면觀照 이것을 바로 자성의 소리를 듣는返聞聞自性 이근원통 염불삼매라고 합니다.

중국 관정법사가 염불정진 중에 홀연히 원관법사(관세음보살화신)라는 분을 만났는데 이상한 힘에 이끌려 그를 따라 정토에 가서 아미타불을 친견하고 2회염불법을 전수받고 싱가폴 소재 대강당에서 다음과 같은 내용을 발표했습니다.

먼저 갑이라는 사람이 '나무아미타불'을 두 번 부르면 을이라는 사람은 그것을 두 번 듣고 이어 을이라는 사람이 '나무아미타불'을 두 번 부르면 갑이라는 사람이 두 번 듣는 방식인데 이렇게 끊임없이 반복하면 망상이 일어날 틈을 주지 않고 힘들지 않게 일행삼매에 들어갈 수 있다고 했습니다.

이러한 2회염불은 여러 사람이 모여서 염불할 때 시행한다면 많은 도움이 될 것입니다.

4 명상염불이란 무엇인가

(질문) 요즘 화두선이 쇠퇴하고 그 대안으로는 명상염불이라 하는데 그것이 무엇인가요?

(답변) 먼저 염불이 무엇인지 말하겠습니다. 염불을 글자대로 해석한다면 부처님을 생각한다는 것입니다. 즉 부처님의 정신과 생각과 사상과 행동과 마음과 몸과 하나 되는 길을 간다는 것입니다.

이 하나 되는 길이 불교의 근본이고 삼세제불과 역대조사의 안목이 있습니다. 불교의 깨달음과 대열반도 여기에서 이뤄지므로 염불은 다겁생 동안 우리를 괴롭혀 온 무지무명을

타파하고 삼세윤회를 끝내며 마침내 내가 나의 참마음으로 돌아가게 하는 시작이고 결과이기도 합니다.

이처럼 염불을 통해서 이생에는 해탈을 이루고 다음 생에는 정토에 왕생하니 염불의 공덕은 무한하여 끝이 없습니다. 이렇게 위대한 염불을 수행하는 사람은 전생부터 선근을 많이 심지 않고는 염불에 대한 환희심과 신심을 내어 정진하기 어려운 것입니다.

최상의 염불은 가만히 앉아 혀를 입천장에 붙이고 내면에서 나오는 염불소리를 관하면서 끊임없이 '아미타불'이 넉자 염불을 적당한 속도로 반복하며 염송하는 것입니다. 이것을 명상염불이라 합니다. 요즈음은 고요히 앉아 명상염불하는 것이 이 시대 흐름이라고 볼 수 있습니다. 이 염불명상은 모든 명상가운데 최고의 가르침으로써 삼계를 초월하는 위대한 수행이 될 것입니다.

간혹 선원에서 간화선하는 스님들이 화두선의 한계를 느끼면 대체로 염불수행을 많이 하고 있습니다. 왜냐하면 염불은 공부의 주제가 있으므로 간화선의 의심과 염불의 관조가 서로 보완되는데 위빠사나는 묵조선과 비슷하여 간화선의 대안이 되기는 어렵습니다.

위빠사나의 핵심은 알아차림인데 여기에는 관조觀照하는 자와 대상을 주제로 수행하는 것이고, 묵조선의 핵심은 관조觀照하는 놈을 다시 비추기 때문에 관조觀照가 아니라 반조返照가 되어 스승의 지도를 받지 않고는 대부분 무기無記에 떨어지기 때문에 권하지 않습니다.

최상승 염불이란 염불할 때 염불하는 놈을 관조하면 염불의 주객이 끊어지고 염불하는 자와 대상이 하나 되어 무념무상의 경지에 들어가게 됩니다. 이것을 염불선이라 합니다. 만일 일상생활이나 바깥활동에서 속으로 아미타불을 끊임없이 부르거나 명상염불을 하면 저절로 선정과 지혜를 갖출 수 있으므로 현대인들의 생활선으로 명상염불을 권합니다.

일반적으로 사찰법당에서 염불할 때 목탁을 치는 것은 화음을 맞추기 위함이라 기도 정근할 때 잘 활용합니다. 그런데 간혹 무당처럼 사찰에서 북 치고, 장구치고, 노래하듯 염불하는 것은 감정으로 치달아 오히려 염불의 뜻을 저버리고 삿된 길로 떨어지기도 합니다. 이것을 옛 사람은 보고 듣는 경계에 빠진 정見愛之情이라 하여 잘못된 공부라고 했습니다.

이때에는 스승의 지도를 받지 못하면 불행한 길로 갈 수 있습니다.

조선말과 일제시대에는 염불할 때 북치고 장구치며 꽹과리 치면서 염불하므로 인해 너무 소란스럽고 염불이 노래로 변질 되어버렸습니다. 이렇게 염불이 감정에 의존하면 좋고 나쁜 번뇌가 일어나기 마련이라 염불의 근본에 부합되지 못합니다. 근래에는 이와 같은 비정상적인 염불 방식으로 인해 전통적인 수행자들이 멀리하게 되었습니다.

5 염불삼매 증득하는 길

(질문) 어떻게 염불삼매를 빨리 증득할 수 있을까요?

(답변) 염불수행으로 윤회를 끊고 삼계를 벗어나려면 기본적으로 몸과 마음에 어떠한 아상도 두지 말고 몸과 마음을 잊은 무아 무심 속에 명상염불수행을 해야 합니다.

세속적 욕망과 애착과 집착은 모두 아상에서 나오기 때문에 아상을 제어하기는 세상에서 가장 어려운 일입니다. 그러나 지극한 발심에 의해서 몸과 마음을 잊어버린 철저한 수행정진이 지속적으로 이어진다면 빨리 염불삼매를 증득할 수 있습니다.

수행에 있어 가장 큰 장애는 세속적 욕망을 어떻게 다스리느냐에 달려 있습니다. 염불삼매에 들어가려면 먼저 마음속에 아무런 망상 집착 애착이 끊어진 상태에서 오직 일념으로 정진이 이어진다면 일행삼매가 되고, 일행삼매가 깊어지면 동정일여 몽중일여가 되며, 이 경계에서 무아 무상 무심 속에 염불이 이어질 때 염불삼매에 들어갈 수 있습니다.

우리가 수행하기 위해서는 기본적으로 몇 가지 조건을 갖추어야 합니다. 첫째, 수행할 수 있는 도량이 있어야 하고 둘째, 수행을 도와주는 도반과 인연이 있어야 하며 셋째, 철저한 발심과 신심과 정진을 해야 합니다.

이 세 가지를 갖춘 사람은 전생부터 선근을 많이 닦은 사람입니다. 이런 사람은 전생부터 닦은 공덕으로 수행도중 장애를 받지 않고 정진할 수 있습니다. 만일 가정을 가진 사람이 수행하려면 이러한 도량을 갖추고 정진하는 스승을 찾아 바르게 지도받아야 합니다.

만일 발심 수행한 사람이라면 먼저 훌륭한 스승을 찾아 스승의 지도아래 도량에서 정진해야하며, 거기에서 발심한 도반과 함께 정진해야 합니다. 이렇게 스승·도량·도반 이 세 가지를 갖춘 상태에서 신심과 정진이 있으면 염불삼매에 들어가게 됩니다.

그러나 오늘날 많은 종교인들은 갈수록 물질과 명예와 이성적 감정에 사로잡혀 올바른 선지식을 찾기 어렵습니다. 만일 불자가 이러한 조건을 갖추었다면 이는 매우 좋은 기회로써 염불수행에 최상의 조건이 됩니다.

(질문) 이 좋은 염불수행법을 널리 활성화하려면 어떻게 해야 하는가요?

(답변) 염불수행법을 활성화하려면 염불수행으로 삼매에 들어간 도인이 많이 나와 칭명염불과 동시에 염불수행을 가르쳐야 합니다.

산승이 어린 시절에는 절마다 염불도량이 선원보다 많았고, 염불하는 노스님과 노보살이 참 많았습니다. 세월이 흐르면서 선이 유행했으나, 도인이 배출되지 못하므로 선종이 쇠락하는 가운데 오히려 염불선이 일어나고 있습니다.

이것은 이 시대 사람들의 근기에 화두선이 잘 부합되지 못했기 때문입니다. 오늘날 중생들은 지식과 분별심이 많아 화두선은 현대인의 근기에 부합하지 못하므로 갈수록 선종이 침체되고 있습니다. 그래서 산승은 화두선의 대안으로 다시 염불수행의 중요성을 강조하는 것입니다.

산승이 미래불교를 생각해보면 명상염불만이 미래시대 중생들을 구제할 수 있다는 생각을 하고 있으며 앞으로는 염불수행이 흥성할 수밖에 없다는 생각을 해봅니다.

6 염불은 모든 근기에 부합된다

(질문) 왜 스님들은 근기에 맞는 염불수행을 아니하고 간화선을 고집하는가요?

(답변) 이것을 설명하려면 잠시 중국과 우리나라에서 참선과 염불에 대한 역사를 살펴봐야 합니다.

원래 염불의 역사는 부처님으로부터 시작되어 2000년전 인도의 성자 용수 마명으로부터 흥성했는데 그 후 중국으로 유전되어 내려오다 달마대사가 중국으로 와서 관심선(위빠사나와 비슷함)을 가르쳤고 그 후 육조대사로부터 간화선이 전해지면서 중국에는 염불과 참선이 성행하게 되었습니다.

이렇게 중국에서 약500년 간 흥성하던 선불교가 점차 선의 병폐가 생겨나니, 명나라 때부터 당대 대선지식들에 의해 선의 대안으로 염불선이 지금까지 대중화되고 있습니다. 우리나라의 경우 신라시대 불교가 들어오면서부터 수행방법으로 염불이 성행했으며, 그 후 참선법이 유행하다가 조선 중엽 서산대사 때부터 다시 염불수행이 성행했습니다.

염불수행은 화두선에 비해 쉬운 수행법이라 예로부터 오늘날까지 화두선의 대안으로 성행되고 있습니다. 특히 요즘같이 분별심이 강한 시대에는 염불수행이 근기에 부합하기 때문에 염불수행이 흥성하는 것은 자연스런 현상이라고 할 수 있습니다. 그러나 염불과 참선은 서로 보완관계로써 근기에 따라 수행하면 됩니다.

7 왜 '나무아미타불'인가

(질문) 경전에는 많은 부처님 명호가 있는데 굳이 '나무아미타불'만 부르는 이유는 무엇 때문인가요?

(답변) 여기 두 가지 의미가 있으니 하나는 '아미타불'이라는 명자에 모든 부처님과 일체중생의 근본인 본래부처라는 본각의 의미가 있으므로 아미타불 한번 염불할 때 나의 근본으로 향하는 기운이 강렬하게 작용합니다. 때문에 '나무아미타불' 이 여섯자 염불은 내가 나를 찾아가는 가장 빠른 길이 됩니다.

또 하나는 '나무아미타불'은 근본염불이라 하고 다른 부처님 명호는 중생을 구제하는 보살도가 있으므로 그것은 방편염불이라 합니다. 때문에 '나무아미타불', 이 여섯 자는 팔만장경의 요체가 되고 모든 성품의 본질이라 여기에는 일체 삿된 것이 존재하지 않으므로 본원으로 향하는 근본염불이 됩니다.

그러므로 염불수행은 중생이 바로 윤회에서 벗어나 정토왕생을 하고 해탈을 이루는 지름길이라고 하는 것입니다. 때문에 '아미타불', 이 한 가지 염불에 전념하면 여러 방편을 닦는 것보다 더욱 효과적이라고 할 수 있습니다.

본래 수행이란 한법一法에 충실하면 모든 법에 통할 수 있으므로 중생은 처음부터 근본염불에 전념할 때 어떤 방편보다도 좋은 수행이 됩니다.

8 극락정토에 대한 정의

(질문) 극락정토란 무엇인가요?

(답변) 극락정토란 아미타부처님의 48대원에 의한 보신토報身土입니다. 이러한 보신토는 부처님께서 오랜 세월 보살도를 닦은 공덕과 원력으로 장엄된 곳이므로 중생들의 업보에 의해 나타난 사바세계와는 근본적으로 차이가 있습니다.

이처럼 정토란 곧 불국토이므로 번뇌가 일어날 요인이 없기에 윤회가 없습니다. 여기에서 정토라는 것은 부처님의 원력으로 장엄했기에 청정한 세계라고 하며 이를 줄여서 정토라고 합니다.

정토를 좀 더 자세히 말한다면 이정토理淨土와 사정토事淨土가 있는데 사정토란 지금의 극락정토처럼 중생들 근기에 따라 변화하는 정토를 말하는데 여기에는 9품으로 나눌 수 있습니다.

구품정토란 상품 중품 하품에서 각각 상·중·하로 나누게 되니 이것을 합하면 총 9품정토가 됩니다. 여기에는 여덟 가지 공덕으로 이뤄진 연못이 있는데 근기 따라 연꽃 위에 화생化生 됩니다. 이것이 일반적으로 사정토事淨土라는 극락정토의 현상적인 모습입니다.

이정토理淨土란 만법의 근본인 청정법신 비로자나불은 무량수無量壽 무량광無量光으로 보는 것입니다. 이와 같은 무량수광無量壽光 자리는 본래 시간 공간을 초월했기에 자성미타自性彌陀요 유심정토唯心淨土라 사바와 정토가 둘이 아닙니다. 이는 마치 중천에 떠 있는 둥근달이 일천 강에 비추나 일찍이 달은 오고 간 적이 없듯 마음과 부처와 중생이 본래 차별 없는 근본적인 법신 경계입니다.

(질문) 그러면 일반적인 사람들에게는 사정토事淨土만 알려주어도 되는데 굳이 왜 이해하기 어려운 이정토理淨土를 말하는가요?

(답변) 중생은 마음 달을 보지 못하기 때문에 성인이 사정토事淨土를 말하는 것입니다. 즉 달그림자가 아니라 달을 보게 하려는 것입니다. 이렇게 사정토事淨土란 근본적으로 이정토理淨土를 여의지 않음을 인식하므로 염불수행이 정법正法에서 벗어나지 않도록 함입니다.
이와 같은 염불선을 말하는 것은 상근기를 인도하기 위함이지만 더 중요한 것은 이 시대 중생들의 근기가 매우 날카로워 최상승법을 설하지 않고 사정토만 말하면 지식인들은 믿지도 않고 받아들이지도 않기 때문입니다.

우리가 여기서 바로 보아야 하는 점은 염불선으로 들어가면 이정토를 떠나 사정토가 따로 있는 것은 아니므로 근본에서는 이사무애理事無礙라, 이정토가 곧 사정토요 사정토가 곧 이정토가 됩니다.

염불수행자가 이 뜻을 잘 이해하면 공부가 옆길로 빠지지 않고 선禪의 뜻에도 부합됩니다. 그러므로 모든 가르침을 볼 때에 어느 종파이든 선禪에 부합되지 않으면 정법으로 인정하기 어렵습니다.

(질문) 구품정토가 어떤 곳인지 좀 더 자세하게 설명해주세요.

(답변) 정토삼부경에 이르기를 극락세계는 먼저 상·중·하가 있고 매 품마다 다시 상·중·하로 나누어지니 총 구품이 되는데 이것은 중생들의 근기에 따라 나타나는 경계입니다. 그리고 극락에는 8공덕수 연못이 있는데 거기 또한 아홉 종류의 연꽃이 있어 중생들의 근기 따라 구품 연꽃 속에 안착하게 됩니다. 그래서 이 뜻을 장엄염불에서 다음과 같이 노래했습니다.

원하건대 극락정토 태어나서
구품 연꽃 나의부모 삼게 되고
꽃피고 부처 보면 무생을 깨닫고
거룩한 보살은 나의도반 되어지다.
願生西方淨土中　九品蓮花爲父母
花開見佛梧無生　不退菩薩爲伴侶

관무량수경에 이르기를 팔공덕수 연지에는 근기에 따라 피어나는 연꽃이 있는데 여기에서 구품단계로 왕생하게 되는 내용을 정리하면 다음과 같습니다.

1. 상품상생에 왕생할 염불행자는 염불삼매를 증득했기에 임종 후 바로 왕생한다.
2. 상품중생은 팔공덕수 연꽃 속에서 하룻밤 지낸 후 연꽃이 피고 부처를 본다.
3. 상품하생은 팔공덕수 연꽃 속에서 만 하루가 지나 연꽃이 피고 부처를 본다.
4. 중품상생은 팔공덕수 연꽃 속에서 며칠 안에 연꽃이 피고 부처를 본다.
5. 중품중생은 팔공덕수 연꽃 속에서 7일이 지나 연꽃이 피고 부처를 본다.

6. 중품하생은 팔공덕수 연꽃 속에서 7일후 때 되면 연꽃이 피고 부처를 본다.
7. 하품상생은 팔공덕수 연꽃 속에서 77일을 지나면 연꽃이 피고 부처를 본다.
8. 하품중생은 팔공덕수 연꽃 속에서 6겁이 지나 연꽃이 피고 부처를 본다.
9. 하품하생은 팔공덕수 연꽃 속에서 12대겁이 지나면 연꽃이 피고 부처를 보게 된다.

관무량수경에는 정토왕생 할 자에게는 임종시 저절로 연화대가 나타나 그걸 타고 정토왕생 한다고 되어 있습니다. 본문에 갑자기 겁이라는 숫자가 나오는데 일반적으로 인도에서는 겁에 구체적인 숫자가 정리된 것이 없으므로 1겁을 한세월로 보면 되고 12대겁은 매우 긴 세월이라는 뜻으로 해석하면 좋을 것 같습니다.

9   정토왕생의 중요성

(질문) 정토수행자는 반드시 간절한 발원을 해야 정토왕생 한다는데 그 이유는 무엇인가요?

(답변) 발원이란 염불수행에 목적을 분명하게 가지라는 뜻입니다. 우리가 염불하는 목적은 생사해탈이지만 그것은 한생에서 이룰 수 없으므로 먼저 윤회가 끊어진 정토에 왕생하기 위하여 발원을 해야 합니다.

한번 정토에 왕생했다고 거기서 성불하는 것이 아니고 때가 되면 다시 보살도를 행하기 위해 인간계에 내려오게 됩니다. 여기에서 보살도란 보리심을 내어 마음을 닦은 수행자는 마침내 수행한 공덕을 큰마음 보살도에 회향해야 합니다. 이는 무상정각을 이루기 위해서는 다시 오랜 세월 보살도를 행하지 않고는 성불할 수 없기 때문입니다.

중생으로써 삼계윤회에서 벗어나기 어렵다는 것은 누구나 다 아는 사실입니다. 설사 도를 닦아 선정력이 있다고 해도 어머니 뱃속에 10달 있다 나오면 전생을 미혹하게 됩니다. 이때 좋은 스승을 만나지 못하면 다시 윤회에 빠져 벗어날 기약이 없다는 것입니다.

그러나 한번 정토에 왕생하면 불·보살 가피력을 받으므로 성불할 때까지 악도에 떨어지지 않고 항상 선근인연을 만나기 때문입니다. 만일 염불수행자가 정토왕생을 발원해놓고 염불수행을 게을리 하면 본래 세운

서원은 흐지부지 되어 정토왕생은 이뤄지지 않게 됩니다. 이 때문에 염불수행자는 다음 세 가지를 갖추어야 합니다.

1. 정토염불수행에 관한 기본적 이해를 해야 합니다. 이 점을 위해 처음 입문하면 정토에 관한 책이나 법문을 들어야 합니다.

2. 보조방편적인 수행으로써 마음가짐 몸가짐을 위해 과거 현재 미래 업장을 참회하고 다시 악업을 짓지 말고 보조적인 방편 차원에서 선행공덕을 지어야 합니다.

3. 이제 정토염불수행의 본론으로써 신심, 예경, 참회, 발원, 염불수행 이러한 절차를 가지고 일상적으로 염불정진을 해야 합니다.

10 정토에 왕생하는 이치

(질문) 정토에 왕생하려면 어떻게 수행해야 하며 어떤 공덕으로 태어날 수 있습니까? 그리고 세속의 집착 애착을 끊지 못했는데 거기 갈 수 있나요?

(답변) 정토에 왕생하려면 기본적으로 이 세상과 인간에 대한 애착과 집착을 가지고 왕생할 수 없습니다. 왜냐하면 애착과 집착이 생사윤회를 만드는 요인이고 애착의 기운이 스스로 자신을 세상으로 끌어내리기 때문입니다.

그리고 정토에 왕생하기 위해선 다음과 같이 수행해야 합니다.

1. 정토에 왕생하려면 세속적 명예와 욕망에 관심을 끊고 애욕과 애착을 떠나야 합니다.
2. 정토란 청정한 곳을 뜻하는 곳이니 평상시 마음을 청정하게 가져야 합니다.
3. 정토에 대한 확고하고 굳은 신심으로 세속적 현상에 흔들리지 말아야 합니다.
4. 항상 정토를 그리워하고 거기 왕생하기를 발원해야 합니다.
5. 일상생활 속에서 즐거운 마음으로 "나무아미타불"을 염송하며 염불이 항상 이어지도록 꾸준히 염불해야 합니다.

이렇게 정토염불을 오래도록 수행하면 염불이 저절로 될 때 정토에 있는 팔공덕수 연지에 연꽃이 생겨나고 연꽃 위에 화생化生하게 됩니다.

제1장 염불수행의 기본

(질문) 중생들은 업의 장애를 받는데 정토에 왕생할 수 있을까요?

(답변) 비록 업력의 장애를 받는 중생이라도 정토왕생을 할 수 있으니 여기 두 가지 인연이 있기 때문입니다.

첫째는 자력으로 정토에 왕생하는 법이니 중생이 만일 세상 법에 애욕 애착을 끊고 정토왕생을 발원한 다음 일심으로 염불하면 이 공덕으로 자력과 타력의 힘으로 정토왕생을 합니다.

둘째는 부처님의 원력의 힘으로 왕생하는 법이니 비록 업력의 장애와 업장이 있다고 해도 정토왕생을 발원하고 정성스럽게 염불한다면 임종시 부처님의 접인을 받으므로 업장을 지닌 채 정토에 왕생하게 되는 것입니다.

(질문) 경에 극락은 여기에서 십만 억 국토 밖에 멀리 떨어져 있다는데 어떻게 그 먼 곳을 중생심을 가지고 갈 수 있겠습니까?

(답변) 중생이 윤회하는 근본은 오직 욕망 때문이니 욕망을 가지고 정토에 갈 수 없습니다. 만일 세속에 끌리지 않으면 불보살의 가피력으로 정토왕생을 하게 됩니다. 정토란 곧 불국토이므로 거기에는 윤회가 없고 시간 공간의 장애가 없어 무한대 세월동안 닦을 수 있습니다.

(질문) 욕망을 가지고는 정토에 갈 수 없다면 중생이 정토가기 요원하지 않을까요?

(답변) 정토에 왕생하려면 기본적으로 정토에 대한 믿음과 정토 왕생하고자 하는 발원과 일심으로 '나무

아미타불' 명호를 일상 속에서 즐겁게 염불해야 합니다.

염불수행자가 세상을 살아갈 때 일시적으로 욕망에 이끌림이 있다 해도 거기에 애착하거나 얽매이지 않으면 마음은 저절로 정토로 향하게 되므로 정토왕생이 안 될까 염려할 것 없습니다.

다만 주의할 것은 세속에 있는 가족과 사람과 재물에 대한 애착과 집착이 많으면 이로 인해 임종시에 정신이 혼미하여 염불하지 못하므로 평상시 항상 염불해야 합니다.

11 염불로 업장소멸 한다는 뜻

(질문) 경에 이르기를 '염불 한마디에 80억겁의 중죄도 소멸한다'고 했는데 이 말씀을 어떻게 이해해야 하는가요?

(답변) 80억이라는 말의 뜻은 시작 없는 오랜 세월 동안 쌓아온 업장을 소멸한다는 뜻이니 이는 마치 수억 년 세월 동안 밀폐되었던 방도 한순간의 등불로 밝아지듯이 염불일념에 무시억겁의 어둠도 사라진다는 말입니다.

이처럼 염불의 위신력은 불가사의하여 중생을 부처로 바꾸는 묘한 힘이 있기 때문에 아무리 정토가 멀다고 해도 염불일념에 순식간에 마음정토로 전환되어 정토를 바로 실현할 수 있습니다.

정토십의론에 이르기를 매우 굵은 밧줄을 장사 백 명이 잡아당겨도 끊어지지 않지만 날카로운 칼로 자른다면 어린아이라도 쉽게 끊을 수 있는 것과 같습니다.

또 관무량수경에 이르기를 '매우 어리석은 사람이 도무지 불법에 입문하기 어려웠으나 오랜 과거 전생에 한순간 염불한 공덕으로 부처님을 만나 도를 성취할 인연을 만나게 되었다.'고 했습니다.

이처럼 한순간 염불로도 이렇게 위대한 공덕을 입게 되는데 하물며 일심으로 염불한 선근공덕을 다시 말할 필요 있겠습니까?

그러므로 모든 수행 중에 염불수행이 가장 확실하고 그 공덕은 헛되지 아니하기 때문에 과거세 모든 부처님과 역대조사들이 모두 찬탄 하였습니다. 이는 중생을 부처로 바꿀 수 있는 지름길이기에 이 광대무변한 공덕은 언어로써 다할 수 없습니다.

이 때문에 염불수행은 혼탁한 말세일수록 더욱 절실한 법이기에 상·중·하근기 모두에게 적용되는 수행이라 할 수 있습니다.

법문이 아무리 많아도 실천하지 않으면 망상만 더하지만 염불일성念佛一聲에 모든 마구니가 두려워서 도망가고 모든 선신들이 찬탄하며 불·보살이 칭찬하는 이러한 염불수행을 어찌 소홀히 할 수 있겠습니까.

12 정토에는 남녀가 없다

(질문) 경에 이르기를 극락정토에는 여인이 없다고 했는데 그러면 사람이 어떻게 태어날 수 있으며, 만일 여인이 없다면 음양의 조화로움이 없는데 이걸 어찌 즐거움이라고 할 수 있겠습니까?

(답변) 정토는 물질로 이뤄진 세계가 아니므로 모든 중생은 홀연히 화생化生하기 때문에 물질로 인한 고통이 없고, 염불수행자는 모두 팔공덕수 연꽃 위에 화생化生하므로 거기에는 태어나는 고통이 없으며 따라서 생로병사와 우비고뇌라는 괴로움도 없습니다.

정토에는 여인이 없으므로 남자도 없고 이성이 없으므로 번뇌가 일어날 근본이 없으며 생사윤회하는 요인도 존재하지 않습니다.

물질로 인한 즐거움에는 고뇌가 따르지만 불국토는 음양으로 이뤄지지 않기 때문에 윤회가 없습니다. 그러나 음양이 존재히는 세상에는 필연적으로 업에서 벗어날 수 없으므로 복이 다하면 타락하게 됩니다.

모든 고뇌의 시작은 음양이 서로 다른 구조에 집착하기 때문에 생겨나는 것입니다. 예컨대 천상에도 남녀가 있고 인간과 미물곤충에도 음양으로부터 즐거움과 괴로움이 생겨납니다. 여기에서 해탈하지 못하면 누구도 생사윤회에서 벗어날 수 없습니다.

13 정토에서 인간 환생 되는가

(질문) 세속적인 업을 완전히 버리지 않고도 정토에 왕생할 수 있다면 정토에 왕생한 후 다시 사바세계에 올 수 있는가요?

(답변) 기본적으로 정토란 이理정토 위에 사事정토라 이사가 원융무애하여 서로 어긋나지 않습니다. 때문에 정토경전에 이르기를 정토에 왕생하면 속심이 일어날 소재가 없어 성불이 결정正定聚 되므로 누구나 불퇴전不退轉이라 했습니다.

그러나 만일 중생을 교화하려고 인간세계에 다시 태어나길 원한다면 사바세계로 돌아오지만 결코 타락하지 않는다는 것입니다. 왜냐하면 정토에 왕생한 사람에게는 항상 불·보살 가피가 있기 때문입니다. 십의론에 이르기를 정토왕생한 자에게는 5가지 이유가 있어 불퇴전을 이룬다고 했습니다.

1. 정토는 부처님의 48대원으로 이루어졌기 때문이고
2. 정토에는 언제나 현전에서 불·보살의 가피를 입기 때문이며
3. 극락정토는 모든 환경이 저절로 염불심을 일으키게 해주고
4. 모든 염불수행자만 거하는 곳이라 일체 마장이 없으며
5. 정토에는 무량수라 수명의 한계가 없기 때문에 영원히 윤회에서 벗어나기 때문입니다. 만일 중생을 교화하기 위해 인간계에 환생하고자 할 때에는 본인의 의지대로 할 수 있다고 했습니다.

나와서 중국은 간화선의 전성기를 맞이하였습니다.

본래 마조스님은 남악선사를 만나기 전에 천태지자대사에게 염불선을 전해 받은 신라 무상선사라는 도인에게 염불선을 익혔지만 깨달음을 얻지 못하고, 남악선사를 찾아가 깨달음을 얻고 중국에 선종을 중흥시킨 큰 도인이 되었습니다.

이렇게 마조스님은 비록 남악회양선사로부터 간화선의 비심비불非心非佛의 이치를 전해 받고 화두타파 후 염불선의 근본인 시심시불是心是佛을 즉심즉불卽心卽佛이라는 법으로 많은 수행자를 깨닫게 했습니다.

우리는 여기에서 왜 화두는 비심비불非心非佛이 되고, 염불은 즉심즉불卽心卽佛이라 하는지 알아야 합니다. 화두는 절대부정이 되는 곳에 의심이 일어나야하기 때문이며, 염불은 처음부터 즉심즉불이라는 절대긍정 바탕에서 들어가는 수행이므로 처음부터 염불하는 자와 대상을 나누지 않고 염불하기 때문입니다.

그러나 간화선 수행에서는 절대부정으로 출발하지만 마침내 깨달으면 절대긍정이 되는데, 이것은 절대라는 도리에서는 긍정과 부정이 다르지 않기 때문에 참선자가 염불을 무시하는 것은 자신의 근본을 부정하는 것이며, 염불자가 참선을 무시하는 것은 부처를 등지는 일이 됩니다.

그러므로 수행자는 그 기본을 잘 알아서 바른 길로 나아가야 합니다. 그럼 왜 오래도록 염불과 참선이 서로 대립했을까요? 그것은 근본을 모르는 중·하근기들이 한쪽에 치우친

견해로 대법大法을 분별하기 때문입니다.

이렇게 화두선과 염불선은 수행방법에서는 근본적 차이가 있으나 궁극에서는 같은 이치가 되는 것입니다. 즉 화두는 절대부정非心非佛을 통해 활구를 참구할 수 있는 것이며 염불의 근본은 절대긍정卽心卽佛에 의지하여 근본과 합일하는 수행입니다.

그러나 사람들은 이 이치를 보지 못하므로 참선과 염불을 대립적으로 보거나 차별적으로 보기 때문에 잘못된 견해를 가지게 됩니다.
처음 달마대사가 전한 "마음 한 법 관하는 것이 모든 법을 거둔다. 觀心一法 總攝諸行"라는 관심수행법은 묵조선을 말하는 것인데 육조대사께서는 시심마 화두를 참구하게 하여 깨달음에 들어가도록 했습니다.

그러나 이 화두선에 의리義理가 일어나면 공부가 잘못될 수 있는데 오늘날 의리종사들이 나타나 선을 왜곡하고 일본식 분석선으로 인해 선의 근본은 초토화 되었습니다. 이 때문에 정안正眼 종사는 사라지고 의리선이 유행하게 되었습니다.

그 이후 원, 명, 청시대에는 덕청선사, 철오선사, 주굉선사 같은 분들이 간화선으로 확철대오를 했지만 간화선을 버리고 염불선을 주장했으며 이밖에 많은 선사들이 염불선을 펼치므로 인해 중국이나 대만에서 염불선이 성행하게 되었습니다.

우리나라에서는 지금부터 1300년 전 신라시대에 원효대사께서 염불에 대한 글을 많이 썼고 염불수행을 하셨습니다. 대사는 정토삼부경에 대한 종요를 지었고, 유심안락도라는 책에는 도솔천과 극락세계를 비교하여 정토를 찬양했으며, 그로부터 염불수행이 보편화되었습니다.

그 이후 신라말 발징화상은 건봉사에서 천명 대중을 모아 염불만일정진회를 결성하여 일천명이 모두 극락정토에 왕생한 기록이 전해지고 있습니다. 정토경에 이르기를 "말세가 되어서 모든 경전이 없어지더라도 나의 신통력으로 '나무아미타불'이 여섯 자는 백년을 더 머물게 하여 중생을 제도하게 하겠다."라고 했습니다. 이것은 염불수행이 말세 중생들에게 가장 적합한 수행이기 때문입니다.

옛날 스님들은 염불에 관한 법문을 많이 했으며 요즘은 다시 전국 각처에 염불만일회가 결성되어 많은 사람들이 함께 염불수행을 하고 있습니다. 오늘날 사회는 문명이 고도로 발달하여 분별심이 더욱 치성하여 오직 염불수행만이 이 시대 중생들 근기에 부합하는 수행이라고 할 수 있습니다.

우리가 만일 이렇게 수행한다면 염불하는 이 순간 부처님과 하나 되는 가장 이상적이며 완전한 수행이라고 할 수 있습니다.

17 염불 참선의 근본

옛 사람이 이르기를 염불은 수행하기 쉬운 길이요, 참선은 수행하기 어려운 길이라고 했습니다. 이것은 본질에 이르는 수행방법의 차이로 인해 각각 서로 간에 장단점이 있어 우열을 나눌 수 없기 때문입니다.

참선은 돈오頓悟라 빠르지만 바르게 들어가기 어렵고, 염불은 점수漸修라 쉬우며 안전한 수행입니다. 그러나 이 두 가지 대조적인 수행방법의 다른 점을 가지고 논란을 일으키는 것은 무의미하며, 다만 근기 따라 수행할 뿐입니다.

그러나 굳이 참선과 염불의 차이점

을 논한다면 수행분상에서 처음 들어가는 방법에 차이가 있으니, 참선에서는 오직 깨달음만을 추구할 뿐 한 법도 세우지 않으므로 여기에는 부처라는 말조차 세우지 않습니다. 그래서 화두선은 강렬한 의정을 통해 깨달음에 빨리 들어간다고 돈오라고 말합니다. 그러나 이는 만 명이 닦아 한 명이 득도하기 어려운 수행입니다.

염불선은 선정을 앞세우는 점수돈오형이라. 깨달음은 늦으나 수행자체가 완전하여 모든 성인들이 권장하는 것입니다. 그래서 영명대사는 일만 명이 닦으면 일만 인 모두 득도한다고 했습니다.

이 때문에 선에서 말하기를 도라는 본질에서는 한법도 받아들이지 않지만 實際理地 不受一塵 염불문에서 본다면 만법이 다 절대성이라 부처님 일

가운데 한 법도 버릴 것이 없다佛事
門中 不捨一法는 것입니다.

상기 글에서 참선의 특성과 염불의 특성을 잘 보여주고 있습니다. 즉 선종은 절대부정이므로 한 법도 받아들일 수 없고, 염불에서는 마음이 곧 부처요 만물 만법이 부처 아님이 없으므로 존재 그대로 절대긍정이라 한 법도 버릴 것이 없다는 것입니다.

참선하는 사람이 절대부정이라는 선에 들어가려면 철저하게 무아가 되어야 활구선에 들어갈 수 있는데 오늘날 참선하는 사람은 이렇게 중요한 기본을 갖추지 못했기 때문에 오래도록 도인부재시대를 살아가고 있습니다.

이 때문에 참선하는 사람은 많으나 번뇌를 끊고 도를 이룬 사람은 보기 어렵습니다. 그 이유는 참선에서 무아 무상 무심이라는 기본을 갖추기 어렵다는 것이 가장 큰 요인이 됩니다. 만일 참선에서 이와 같은 선결조건을 갖추면 이미 수행의 80%를 넘어서기 때문에 나머지는 저절로 이뤄진다고 볼 수 있습니다.

그럼 참선의 선결조건이 무엇인가요? 여기 삼조 승찬대사의 신심명에 이르기를 "큰 도에 이르는 길은 어렵지 않다. 다만 사량분별심만 버린다면 툭 터져 도가 명백하게 드러날 것이다."라고 했습니다. 그렇다면 참선의 기본요체는 무엇일까요. 그것은 모든 현상에 대해 어떤 집착이나 아상을 일으키지 말고 무심이라는 평상심으로 나아가면 저절로 마음이 쉬어 일체 구하는 마음이 사라지고 무위 적정의 경지에 들어 강물이 흘러가듯 저절로 깨달음의 경지로 나아가게 된다는 것입니다.

참선에서 활구란 마음속에 분별심과 삼독심이 사라져 무념무상이 될 때 저절로 활구를 들게 되고 마음속에 아상이 사라질 때 툭 터져 명백하게 될 것입니다. 이 때문에 옛 선사들은 화두참선을 하려면 먼저 삼세 업장을 참회하고 염불기도로써 마음을 맑히고 나면 저절로 진발심이 나오고 모든 현상에 마음이 쉬어 화두에 진의가 일어나게 됩니다.

오늘날 선원수좌들이 선의 기본은 무시하고 육단심으로 화두를 마치 문제 풀듯이 억지 의심을 하므로 인해 애를 쓸수록 점점 정진이 잘못되어가고 있습니다. 이로 인해 육체적·정신적으로 강박관념에 빠져 마음 쉬는 공부가 전혀 이뤄지지 않습니다. 이로 인해 많은 수행자들이 길을 잃고 잡기를 부리거나 타락하여 온갖 문제를 일으키고 심신은 병들어 갑니다.

그러므로 참선이란 먼저 분별심을 제어하고 무심을 이뤄야 합니다. 결코 생각을 비우지 않고는 처음부터 바르게 도에 들어갈 수 없다는 것입니다. 중생이란 다겁생을 윤회하면서 익혀온 업장과 습관은 생각대로 다스려지지 않기 때문에 상근기가 아니라면 결코 도에 들어가지 못하는 것입니다.

이에 비해 염불수행은 생각을 가지고 생각을 다스리는 수행이라 중생 근기에 부합하여 어렵지 않게 닦을 수 있습니다. 만일 신심을 가지고 염불수행을 한다면 누구나 정토에 왕생하고 생사윤회에서 벗어나 대자유를 얻게 된다는 것을 의심할 여지가 없습니다.

대부분의 사람들은 '나무아미타불' 염불수행이 참으로 위대한 선禪인 줄 알지 못하고 무조건 참선參禪해야만 구경각에 갈 수 있다고 생각하지만 수행이란 계정혜 삼학을 잘 닦지 않고 도를 깨달을 수 없다는 것을 잘 알아야 합니다.

지금 이 시대는 넘쳐나는 지식으로 인하여 화두선으로 도에 들어가는 길은 1% 최상근기에만 적용되기에 오늘날 한국불교는 도인 부재시대를 살아가고 있습니다. 문제는 이로 인해 선근 있는 진실한 수행자들마저 길을 찾지 못하고 방황하고 있다는 것입니다.

대개 수좌들이 선원에 오래 다녔으나 발심 없는 수행이라 정진이 뜻대로 지어갈 수 없고, 구두선만 익혀 입으로는 선禪을 말하나 도리어 아상만을 키우고 생활자체가 업장만을 키우니 이것은 해탈에 조그마한 도움도 되지 않을 뿐만 아니라 도리어 시주자의 빚으로 인해 수행에 마장만 늘어날 뿐입니다.

견성이란 인생의 근본을 바르게 보고 생사에 자재하는 경지이므로 생각과 인지하는 업식 속에 미세 망상을 끊고 업력을 완전히 소멸한 경지에서 증득하는 깨달음이라고 할 수 있습니다.

그러므로 참선하여 견성한다는 것은 매우 드문 일이고 참으로 어려운 공부라고 할 수 있습니다. 그러나 마음과 부처를 나누지 않는 염불수행,

즉 '나무아미타불' 명호를 암송하는 이 공부는 매우 단순하여 염불하는 즉시 바로 부처라는 뜻을 갖게 합니다. 그러므로 누구나 지극한 신심으로 꾸준히 염불하면 부처와 하나 되는 가장 쉬운 공부라고 할 수 있습니다.

이 때문에 아미타불의 후신이라는 영명연수대사께서 화두로 부처가 되고 조사가 되는 일은 만 명이 수도하여 한 명이 득도하기 어려우나, 염불하여 부처와 하나 되는 길은 만 명이 염불하면 만 명 모두 정토에 왕생한다고 한 것입니다. 만일 정토에 왕생한다면 부처님을 친견하고 성불한다는 것입니다.

이처럼 염불수행은 분별심이 많은 말세 중생들 근기에 부합되는 가장 이상적인 수행이라고 할 수 있습니다.

이런 수행을 잘 이해하지 못한 사람들이 염불수행은 하근기 공부라고 폄하하는데, 그렇다면 왜 석가모니 부처님께서 간절하게 염불 법문을 권했겠습니까.

이제 우리는 닦기 쉬우면서 완전무결한 이상적인 염불수행으로 이 험난한 말세의 모든 고난을 이겨내고 마침내 서방정토 극락세계를 다 함께 실현해야 합니다.

18 활구염불 하는 법

염불선이란 이 마음이 곧 정토요 자성自性이 곧 아미타라는 근본적 바탕에서 무념·무아상에 입각한 염불수행을 말합니다. 이러한 뜻을 가지고 염불하면 이것을 실상염불이라 하고 실상염불은 선禪에 준하므로 염불선이라 합니다.

염불수행에도 활구염불이 있으니 무엇이 활구活句염불인가요. 그것은 순일무잡하게 염불에 집중하되 무의식적으로 염불하는 것이 아니라 염불하는 놈을 돌이켜보되 보는 그 자체를 분명하게 알아차리는 염불수행을 활구염불이라 합니다.

대개 사람들은 염불을 하지만 세속적인 마음으로 복을 구하고 마음 밖의 상相에 의지하여 염불하는 것을 기복성염불이라 합니다. 이러한 염불은 보고 듣는 경계에 집착한見愛之情 마음으로 염불하기 때문에 마음수행으로 이어지기 어려우나 만일 선지식을 만나면 바르게 정진할 수 있습니다.

그러나 기복적 마음으로 염불을 하더라도 지극하고 간절하게 염불기도하면 그 공덕은 허망하지 아니하여 영험을 얻을 수 있으며 마침내 불심으로 승화될 수 있습니다.

만일 염불삼매에 들어가려면 무심이라는 바탕에서 일심염불할 때 자연히 마음이 맑아지고 저절로 일행삼매一行三昧와 염불몽중일여 염불삼매로 이어지게 됩니다.

19 마음이 곧 부처라는 뜻

(질문) 마음이 곧 부처라고 하는데 이 말은 무슨 뜻인가요?

(답변) 우리는 먼저 마음이란 무엇인가를 이해해야 합니다. 마음이라는 말에 두 가지 뜻이 있으니 하나는 본래청정심을 뜻하는데 이것은 번뇌가 끊어진 대열반 묘심妙心이라 할 수 있습니다.

또 하나는 흔히 일상적으로 쓰는 마음인데 이것을 중생심衆生心이라 합니다. 이 마음은 번뇌와 업력의 장애를 받고 있는 마음이라 반드시 이 마음을 닦아 중생심을 불심佛心으로 승화할 때 중생심이 본래심으로 전환될 수 있습니다.

이 본래심을 정토삼부경에서 "이 마음이 곧 부처是心是佛"라고 했으며, 선종에서도 "마음이 곧 부처卽心卽佛"라고 했습니다. 이렇게 우리는 본래심이 곧 부처라는 사실을 망각하므로 인해 각종 오염에 물들고 윤회하게 되었습니다.

우리가 염불하는 것은 미혹된 중생심을 돌이켜 본래심으로 돌아가기 위함입니다. 왜냐하면 본래심으로 돌아가야 더 이상 윤회라는 괴로움에서 벗어나 절대적 자유를 얻을 수 있기 때문입니다. 그래서 이 마음이 곧 부처라는 것은 우리의 본래심을 일깨워주는 것이며, 여기에 의지하여 염불할 때 선과 염불은 둘 아닌 경지가 됩니다.

불자가 만일 이렇게 염불의 근본을 분명하게 인식하고 염불한다면 수행은 삿된 길로 빠지지 아니하고 염불 일념 속에 무량겁의 업장과 미혹은 소멸하며 마음이 곧 부처라는 도리에 계합되어 다겁생의 윤회는 사라지게 됩니다. 이것이 염불선 수행의 핵심입니다.

20 마음이 곧 정토라는 뜻

(질문) 마음이 곧 부처라면 마음이 곧 정토라는 말과 같은데 어찌하여 다시 마음밖에 정토를 찾는가요?

(답변) 정토淨土라는 말에 두 가지 뜻이 있으니 하나는 이정토理淨土요 하나는 사정토事淨土입니다. 여기에서는 마음정토란 이정토를 말하는 것인데 모든 수행자의 궁극적 뜻은 당연히 깨달음이요, 성불이라고 할 수 있습니다.

그러나 최상근기 수행자가 아니면 마음정토를 이루기 전에 육도윤회에 떨어지고 말 것입니다. 그래서 모든 부처님과 보살은 성불이라는 목표의 중간 단계에 있는 정신적 이상세계인 불국정토를 말하는 것입니다.

극락정토란 부처님이 중생을 제도하기 위한 보신토報身土이므로 중생이 만일 여기에 왕생하면 가장 이상적인 수행처가 되어 다시는 타락하지 않고 윤회를 끝낼 수 있습니다. 이렇게 극락정토는 아미타불의 48가지 원력으로 장엄된 정신세계라 누구나 염불하면 불국정토에 왕생할 수 있습니다.

참선하는 수행자들은 흔히 말하기를 마음이 곧 정토인데 따로 정토를 구하는 것은 어긋나는 말이라 하지만 이는 부처님이 정토를 가르친 근본을 모르고 하는 말입니다. 옛사람이 말하기를 "이치는 단박에 깨우치나 업장은 바로 제거되지 않는다. 理卽頓悟 事非頓除"라고 했습니다.

이 때문에 과거 성인들이 진공眞空과 묘유妙有를 말했습니다. 이 말을 다시 풀이한다면 이치와 현실이 부처에게는 둘 아니지만 중생에게는 생사윤회가 역력하다는 것입니다. 그러므로 윤회에 허덕이는 사람이 아무리 마음정토를 부르짖어도 사바세계가 정토로 바뀌지 않으며 따라서 괴로움을 피할 수 없는 일입니다.

마음이 곧 정토라는 말은 깨달은 분상에서 보면 미혹과 깨달음이 둘이 아니지만 중생에게는 깨달음이 없고 미혹만 있으므로 마음이 정토가 될 수 없습니다. 또 시간 공간을 벗어난 깨달음의 경계에서는 모든 이원적 경계가 존재하지 않기에 사바와 정토가 둘이 될 수 없으므로 마음이 정토라는 말은 중생의 경계가 아닙니다.
이는 마치 눈이 없는 사람이 세상에 광명이 없다고 고집하는 것과 같아 미혹한 상태에서 어둠이 광명으로 바뀌지 않습니다. 그러므로 중생은 부지런히 닦아 마음이 정토라는 경지에 들어가도록 일심으로 염불해야 합니다.

옛 선사들이 마음정토라는 법문을 하신 뜻은 마음 밖의 법에 집착하여 온갖 상을 일으켜 도의 근본을 잃을까 염려해서 한 말입니다. 그래서 마음정토는 상근기를 위한 법문이므로 중생은 이를 바로 이해해야 합니다. 이 때문에 아미타경에서 보신정토인 극락세계를 불·보살이 방편으로 머무는 국토方便聖居土라고 했으니 이것은 중생을 위한 경계요 부처를 위한 경계가 아닙니다.

사람들은 서방 정토 극락세계가 사실적으로 존재하는 것인지 의문 하는데 이에 대해 경전에서는 사바세계처럼 물질적 경계는 아니지만 현상적으로 존재하며 누구나 이러한 정토를 믿고信 발원願하고 염불行하면 윤회계를 벗어나 정토에 왕생할 수 있다고 했으니 우리가 부처님 말씀을 의심할 필요는 없습니다.

이에 혹자는 대승경전은 부처님께서 친히 설한 법문이 아니라고 주장하나, 대승불교를 창시한 용수·마명같이 큰 성인은 이미 과거세에 불도를 성취하신 부처님 화신으로서 부처님 뜻에 따라 해설한 것이며, 이를 역대 도인들이 증명하고 따랐으므로 여기에 의심할 여지가 없습니다.

만법은 본래 유심정토 자성미타唯心淨土 自性彌陀라 하지만 이것은 본래부처라는 도리로써 그 자리에는 부처니 열반이니 하는 언어와 정신세계를 넘어선 경계입니다. 때문에 이정토理淨土란 깨달은 성인의 경계이므로 중생이 수용할 수 없습니다.

부처님은 중생을 위해 아미타불의 48대원력정토인 사정토事淨土를 설했습니다. 그러므로 정토란 중생을 위한 경계이지 부처를 위한 경계가 아니라는 점을 잘 알아야 합니다. 아미타경에 이르기를 "누구나 아미타불의 48대원에 의지하여 정토왕생을 발원하고 일심염불하면 모두 극락정토에 태어나게 되느니라."라고 설했으니 이것은 보신정토인 사정토事淨土를 말한 것입니다.

(질문) 그러면 마음이 곧 정토라는 말과 현실정토는 다른 뜻인가요?

(답변) 부처님의 삼신三身을 말할 때 법신·보신·화신을 가지고 설명합니다.

여기에서 우리의 근본성품을 법신이라 본다면 이는 진공眞空에 해당합니다. 그리고 보신과 화신은 본체의 현상과 작용이므로 이를 묘유妙有라고 합니다.

이처럼 부처님의 보신토인 정토와 천백억 화신인 묘유妙有는 부처님이 중생을 제도하는 삭용일 뿐입니다. 그러므로 정토란 중생이 부처로 나아가는 과정에 존재하는 것이며 불·보살이 함께 머물며 중생을 제도하는 곳입니다. 그러므로 유심정토라는 말은 본래부처라는 뜻이고, 현실정토란 본래부처라는 견지에서는 현상적인 일체법이 다 부처라고 보는 것입니다.

쉽게 말하면 이치로는 현재 사바세계가 이 한 마음을 떠나지 않았기에 사바세계가 곧 유심정토이며, 현실세계 또한 이치세계를 떠나 있는 것이 아니므로 이치세계도 현실세계를 떠나지 않았습니다.

이 말을 달리 표현한다면 반야심경에 모든 현상이 공했기에 색이 곧 공이라는 뜻과 같습니다. 즉 색이 공했으니 공이 곧 색이요, 색이 곧 공이 됩니다. 현실정토라는 것은 색과 공이 둘이 아니라는 말입니다.
비록 미혹한 중생에게는 현실이 곧 정토가 될 수 없으므로 닦아야 하고 번뇌가 곧 보리라고 하나 중생은 미혹 속에 살아가므로 번뇌를 떠나지 못합니다. 마찬가지로 사바가 곧 정토라 하나 중생은 정토를 구하지 않으면 윤회에 떨어져 괴로움을 받게 됩니다.

중생에게 사바세계가 실재하듯이 정토세계도 그와 같이 존재하므로 현실세계를 본다면 현실정토 또한 부정할 수 없습니다. 근본에서 본다면 이(理:이치)와 사(事:현실)를 나눌 수 없기에 유심정토인 현실정토와 48대원력으로 이뤄진 극락정토는 상충되지 않습니다.

본래 이사理事가 다르지 않듯이 아미타부처님의 48대원력에 의한 극락정토 또한 부정할 수 없으므로 정토경전에 이르기를 "아미타불의 원력에 의지하고 일심으로 염불하면 누구나 극락세계에 왕생하게 된다."라고 하셨습니다. 그러나 사람들은 이러한 이치를 보지 못하므로 허망한 사바세계는 인정하면서 극락세계는 부정하는데 이는 선근의 힘은 없고 업력의 장애가 있기 때문입니다.

옛 선사가 말하기를 "실제 분상에서는 한 법도 세울 수 없지만, 사리에서는 만법이 있다."라고 했습니다. 이 말은 사바세계가 근본은 허망하지만 중생들의 공업력으로 생겨나고 소멸함이 있듯 부처님의 원력정토인 극락세계는 부처님의 원력으로 존재한다는 것입니다.

다만 사바세계는 물질세계라 시공간의 제약이 있지만 극락세계는 정신적 세계라 시간과 공간의 구속이 없다는 것입니다. 그리고 물질로 이뤄진 사바세계는 오래갈 수 없으나 극락세계는 참마음 정신세계라 부처님 원력에 따라 무한하다는 것입니다. 유심정토 자성미타란 부처님의 세계가 바로 우리 참마음과 둘이 아니기 때문에 시간과 공간을 초월했으므로 불국토는 마음속에서 구현된다는 뜻입니다.

그러나 중생들은 이 뜻을 모르므로 시간과 공간의 개념을 가지고 접근하므로 이해하지 못하고 있습니다. 중생에게 아무리 세상을 환幻이라 말해도 실제라고 느끼듯이 불·보살의 원력으로 중생을 제도하기 위해 극락세계는 영적으로 존재한다는 것입니다. 이 때문에 경에서는 극락세계가 분명하게 있고 거기에는 아미타불이 좌우에 관세음보살과 대세지보살과 함께 계신다고 하는 것입니다.

금강경에 "부처님은 여어자如語者, 실어자實語者, 불이어자不異語者, 불망어자不妄語者라" 했습니다. 즉 부처님은 거짓말을 하지 않는다는 뜻입니다.

관무량수경에는 극락정토에 나타난 현상을 관하는 십육관이 있고 거기에서 십육관을 통해서 극락세계가 실제적으로 나타난 모습을 관하도록 가르치고 있습니다. 이것을 보더라도 극락세계가 사실적으로 존재한다는 것을 알 수 있습니다. 이처럼 부처님의 말씀은 만고불변인데 이를 어찌 부정할 수 있겠습니까?

원각경에 이르기를 "일심이 청정하면 모든 마음이 청정하고 모든 마음이 청정하면 불국토가 청정하다."라고 했습니다. 이는 유심정토의 뜻입니다.

대승경전에는 시방제불에게 모두 원력정토가 있으니 약사경에 이르기를 동방만월세계라는 불국토에는 약사유리광불이 중생들의 몸과 마음의 병을 없애준다 했으며 서방정토 극락세계에는 아미타불이 계시는데 그 부처님의 48대원력으로 장엄된 정토라고 했습니다. 이렇게 동서남북 시방법계에 불국토가 무량무수라고 했습니다.

본래 법성이란 평등하여 두 모양이 아니므로 법신 보신 화신도 평등하여 이치理세계와 현실적인 기器세계가 본래 둘이 아니기에 이것을 마음 정토라고 합니다.

그러나 이것은 도를 증득한 성인의 경계요 무명에 가려진 중생에게는 육도가 허상이시만 여기에서 괴로움을 받으므로 윤회에서 벗어날 길을 찾아야 하고, 마음이 본래 정토이지만 중생은 윤회가 없는 사정토事淨土에 왕생하고자 일심으로 닦아야 합니다.

이 때문에 이정토 차원에서는 하나의 정토를 말함이 곧 모든 정토를 말함과 다름이 없습니다. 이는 마치 맑은 하늘에 보름달이 백천강물에 두루 비추지만 본래 달에 두 모양이 없는 것과 같습니다.

그러나 처음 불문에 들어온 수행자나 일반적인 불자들은 기본부터 잘 배우고 익힌 다음 깊은 교의로 들어가야 하므로 사정토와 이정토를 구분하여 잘 닦아야 합니다.

오늘날 아무리 세상이 바뀌고 세월이 변했다고 해도 수행 분상에서는 예와 지금이 다를 수 없기에 시대와 상관없이 우리는 정토왕생의 길에서 부지런히 염불정진해야 합니다.

21 염불선의 요체

 우리가 염불수행을 하는데 가장 중요한 점은 절대긍정을 전제로 공부해야 한다는 것입니다. 왜냐하면 일체 만법이 다 자성미타로 귀결되기 때문입니다. 만일 염불수행에 이를 바탕으로 수행한다면 더욱 업장을 빨리 소멸하고 염불삼매로 나아갈 수 있습니다.

모든 수행의 종착점은 부처와 하나 되는 것이므로 "마음이 곧 부처"라는 가르침을 잘 이해해야 합니다. 왜냐하면 즉심즉불이라는 가르침은 불교의 근본종지이고, 염불과 선禪의 핵심이기 때문입니다.

관무량수경에 "시심시불是心是佛"이라 했습니다. 즉 "이 마음이 곧 부처"라는 이 속에 팔만장경의 핵심이 들어 있습니다. 이 때문에 염불수행자는 '마음이 곧 부처'라는 절대긍정의 이 말을 잘 이해할 필요가 있습니다.

간혹 참선자가 "염불하는 자 이 무엇인고?"念佛者是誰라고 하는 염불화두를 말하는 사람이 있는데, 이것은 화두와 염불을 억지로 혼합하여 공부하면 공부방법이 이치상 서로 상충되어 혼란이 생길 수 있습니다.

왜냐하면 염불하는 불자가 즉심즉불卽心卽佛이라는 바탕에서 염불해야하는데 염불하는 자가 이 무엇인가念佛者是誰라고 의심한다면 곧 스스로 염불하는 자가 곧 부처念佛者是佛라는 답이 나옵니다. 이것은 절대긍정卽心卽佛인 염불과 절대부정非心非佛인 화두가 혼합수행을 할 수 없는 근본적인 이유가 됩니다.

중국 명나라 선사들이 주장했던 염불하는 이놈이 무엇인고? 念佛者是誰라는 이 염불화두는 의문과 긍정이 상반된 내용이 동시적이라 이치적으로는 염불수행에 좋은 방법이라고 할 수 없습니다. 왜냐하면 부처님과 나를 둘로 나누면 그것은 곧 생멸법이니 바른 염불이라 할 수 없는 것입니다.

만일 이와 같은 생멸심으로 억지로 염불참구 한다면 일어나는 분별 망상을 제어하기 어렵습니다. 명상염불이란 염불하는 놈을 돌이켜 비추면 염불하는 자와 대상이 하나가 되어 절대긍정의 염불로 이어지는데, 이것을 실상염불 또는 활구염불이라고 합니다. 능엄경 이근원통법문에서 이 이치를 밝혔습니다. 즉 "듣는 놈을 돌이켜 자성을 들어라." 했습니다. 즉 아미타불 부르면서 부르는 그 놈을 돌이켜서 자성의 소리를 듣는다는 법문입니다.

염불하는 자와 들음을 돌이켜 비추는 것을 주객쌍조主客雙照라 하고, 주객을 비추되 비추는 상이 없으면 주객쌍차主客雙遮가 되며, 쌍차와 비춤이 동시적이므로 쌍차쌍조雙遮雙照라하고, 쌍차쌍조를 동시에 닦으므로 차조동시遮照同時가 됩니다.

염불행자가 만일 이와 같이 쌍차쌍조 차조동시적遮照同時的으로 염불한다면 오랜 무명 업장을 소멸하고 염불삼매에 들어갈 수 있습니다.

그러나 이러한 염불은 상근기 염불이라 일반적이 아니며, 불자들은 칭명염불을 지극히 하면 저절로 마침내 염불의 수승한 공덕바다로 들어가게 됩니다.

22 일념과 십념의 뜻

(질문) 경전에 이르기를 십념미타왕생극락十念彌陀往生極樂이라. 즉 열 번 '아미타불' 염불에 정토에 왕생한다고 했는데 이 십념의 진정한 뜻이 무엇입니까?

(답변) 대개 이 부분에서 바르게 이해하지 못하고 있습니다. 십념(十念: '나무아미타불'을 열 번 부른다는 말)에 2가지 뜻이 있는데 첫째는 임종전 열 번 '나무아미타불'을 집중해서 부르는 것이고 다음은 생활 속에서 망상 없이 일념으로 염불하는 것입니다. 왜냐하면 일념一念이 되지 않으면 십념은 이뤄지지 않기 때문입니다.

대개 사람들은 번뇌 망념 속에 살아가므로 누구나 일념이 지속될 수 없습니다. 그러나 단지 염불하는 마음을 지속하도록 노력만 해도 언젠가는 일념이 되므로 너무 일념이 되지 않는다고 걱정할 필요는 없습니다.

임종 직전 열 번 아미타불을 염불하는 것은 매우 염불 수준이 높은 경지에 이르러야 합니다. 왜냐하면 수행을 많이 한 큰스님들도 임종시에 정신 차리기 어려운데 일반인들이 보통수준의 염불정진으로는 임종시에 십념을 성취하기가 매우 어렵기 때문입니다.

그러면 어떻게 십념을 성취할 수 있을까요. 십념을 성취하려면 먼저 세속적 욕망에 마음을 두지 말아야 합니다. 그리고 속된 취미도 버리고 아상을 내려놓은 상태에서 오로지 염불수행에만 전념할 때 가능한 일입니다. 이렇게 수행에 전념하려면 먼저 무상한 세상을 바르게 볼 줄 알아야 합니다.

오늘날 세상은 점점 극 말세로 치닫고 있습니다. 이 가운데 대부분 사람들은 목적 없이 넓은 바다를 항해하는 것처럼 아무런 대책 없이 세파에 떠밀려가고 있습니다. 그러나 사람들은 이 위험한 현실 앞에서 미래를 보지 못한 체 방황하고 있습니다.

과연 이대로 살아도 문제가 없는지, 아니면 그냥 착하게 살면 되는지, 왜 수행을 해야 하는지 여기에 대해 어떤 생각이나 고민도 없이 기약할 수 없는 미래를 향해 흘러가고 있습니다. 이제 우리는 좀 더 세상을 살아감에 탐진치 삼독에서 벗어난 자유로움과 깨어있는 눈으로 현실을 보아야 하며 이 바탕에서 우리들의 삶과 수행이 하나 되어야 합니다.

즉 생활과 수행이 분리 되지 않은 자세에서 오로지 염불수행이 주主가 되고 생활은 부副가 되는 삶을 살아갈 때 저절로 십념을 성취할 수 있습니다.

일반적으로 염불할 때 중요한 시간은 저녁 자기 전 염불을 한 시간하는 것입니다. 그러면 잠재의식은 잠자는 속에서 염불이 지속되므로 다음날 아침 정진은 더욱 쉽게 일념을 성취할 수 있습니다. 이처럼 가정에서 염불정진 한다면 가장 좋은 수행입니다.

다만 염불수행자가 주의해야 하는 것은 염불 도중 자신의 업장으로 인해 일어나는 탐욕 성냄 아상 등 각종 마장에 속지 말아야 하며 바르게 닦기 위해 몸과 마음과 자식과 친구와 지인으로부터 일어나는 현상에 속지 말아야 합니다.

즉 **몸**으로는 고기 술 담배 등 마음을 혼미하게 하는 음식은 피하고 맑고 담백한 음식을 섭취해야 하며 **입**으로는 남을 비방 험담 악담 모함을 하지 말아야 하며 특히 수행 중 분노는 수행 자체를 송두리째 사라지게 하는 일이니 어떤 경우라도 화내지 말아야 합니다.

생각으로는 세속적 허명에 연연하지 말고 아상과 아만과 자존심과 교활함과 시기 질투를 하면 정진을 바르게 닦을 수 없습니다. 수행이란 기본적으로 마음이 쉬어야 하며 밖으로 구하는 마음이 없을 때 내면은 밝아지게 됩니다.

그러므로 살아가면서 마음을 안정하게 해야 하며, 마음이 들뜨면 이내 무상을 생각하여 어떠한 현상에도 흔들리지 말아야 하고, 세속적인 일에 너무 간여하지 말아야 하며, 항상 온화하고 고요한 마음으로 자신을 살펴 옆길로 빠지지 않도록 해야 합니다.

만일 일상에서 순수한 마음가짐으로 살아간다면 비록 하는 일에 판단미숙으로 잘못되었다고 해도 결국 좋은 결과로 이어집니다.

23 정토왕생과 보살정신

(질문) 불교의 목적은 끊임없는 정진으로 불도를 구하고 보살도를 실현해야 하는데 오직 안락한 정토만을 추구한다면 이것은 대승보살 정신과 어긋나는 것은 아닌가요?

(답변) 만일 최상승근기라면 마땅히 그대가 말한 것처럼 해야 할 것입니다. 그러나 세상에 있는 상·중·하 대부분 근기들은 오탁악세에서 번뇌에 물들지 않고 본래청정심을 지속하기 어렵습니다. 간혹 한 때 정진을 잘하다가 마장장애를 받으면 대개 타락하므로 부처님께서 정토라는 중간단계에서 수행할 수 있도록 한 것입니다.

왜냐하면 사바세계에서 정진할 때 업풍이 불어오면 누구도 감당하기 어렵기 때문에 유마경에 이르기를 "자신의 병도 고치지 못하면서 어떻게 다른 사람 병을 고칠 수 있겠는가."라고 했습니다.

세상을 살아가는 중생들의 병은 팔만 사천가지이지만 근본은 마음에서 비롯된 병이므로 성인의 가르침을 받지 않고 마음병을 다스리기 어렵습니다. 지도론에 이르기를 "물에 빠져 헤매는 자가 방편을 빌리지 않고 거친 파도에서 벗어날 수 없듯이 중생은 정토라는 방편을 빌리지 않고 윤회에서 벗어나기 어렵다."라고 했습니다.

이것은 마치 어린아이가 어머니와 주위의 사람들의 보살핌을 받지 않으면 누구도 살아갈 수 없듯이 중생도 아미타불의 48대원력에 의지하

제1장 염불수행의 기본

여 윤회에서 벗어날 수 있다는 것입니다. 그러나 어떤 중생이든 불·보살 명훈가피를 받으면 악도에 빠지지 않고 정토왕생을 한 뒤 무생법인을 증득하고 다시 사바세계에 돌아와 중생을 교화할 수 있습니다.

십주비바사론에서 정토염불문은 생사윤회에서 벗어나는 가장 직접적이고 이상적인 수행문이라고 했습니다. 그러므로 염불문은 부처가 되는 가장 쉬운 길이기에 과거 모든 부처님과 역대 조사스님들도 모두 염불수행을 찬탄했으니 우리도 이 염불수행법에 대해 확실한 믿음과 신심으로 부단히 정진해야 합니다.

(질문) 모든 법은 본래부터 무생이라 평등하거늘 여기를 버리고 저기에 태어나려고 하는 것은 이치에 어긋나는 것이 아닌가요?

(답변) 부처님께서 정토법을 가르친 것은 중생이 오래도록 불생불멸한 절대성 근본성품을 깨우치지 못하므로 인해 허상과 같고 꿈과 같은 윤회에서 벗어나지 못하고 있기 때문입니다. 이에 윤회하는 중생을 구제하고자 부처님께서 친히 정토법을 설하셨습니다.

무생無生에 두 가지 뜻이 있으니 하나는 법성이란 본래 불생不生이므로 어디서 온 것도 아니기에 어디로 가는 것도 아닙니다. 또 다른 뜻은 우리의 본래성품은 무생이지만 여기에 미혹하므로 인해 오래도록 닦아서 비로소 본래심을 깨달으면 무생의 경지를 증득한다는 것입니다.

그대가 나에게 '법은 본래 무생이라 평등한데 여기를 버리고 저기로 가는 것이 옳지 않다'라고 한말은 본

말을 혼동한 잘못된 견해입니다. 만일 그렇다면 본래부처인데 무엇하려 수행할 필요가 있으며 중생이 업식에 따라 윤회하는 이치를 무엇으로 설명할 수 있겠습니까.

부처님께서 정토염불수행법을 설한 것은 중생을 위해 설한 법이지 깨달은 자를 위한 법이 아니므로 옛 선사는 깨달은 자는 들어오지 말라悟道者不入고 했습니다.
(해설 : 悟道者不入에 대해 다른 뜻이 하나 있으니 이른 바 깨달았다고 자부하는 자는 참된 깨달음이 아니므로 아상 있는 자는 들어오지 말라는 뜻도 있습니다.)

유마경에 이르기를 "정토염불법은 부처님이 중생을 제도하기 위해 가르친 법이다. 이는 마치 집을 지을 때 땅에 의지하여 짓는 것처럼 허공중에 집을 지을 수 없는 것과 같은 이치니라." 이렇게 설하셨습니다.

우리가 생각해야 하는 것은 정토가 사실적으로 있느냐 없느냐 하는 문제인데 중생에게는 부처님의 48대원의 보신정토가 사실적으로 존재한다는 것입니다. 이는 오직 부처님이 중생을 제도하기 위해 대자대비 차원에서 존재한다는 사실입니다.

24 정토왕생의 가르침

경에 이르기를 말세가 되면 중생들은 대부분 모든 경전의 가르침을 따르지 않고 오직 세상일에 전념하여 바른길을 가지 못하는데 이때는 어떤 가르침으로도 이 상황을 이겨낼 수 없고 오직 염불수행만이 이를 극복할 수 있다고 했습니다.

때문에 염불수행은 전생부터 닦은 선근이 없으면 이를 믿지도 않고 받아들이지 않는다고 합니다. 만일 누가 염불에 대한 법문을 듣고 믿음과 수행을 한다면 이는 전생부터 닦아온 선근이 많은 사람입니다.
과거 큰스님이나 염불정진 하는 불자들을 보면 기본적으로 신심과 원력이 수승하고 마음이 선량하고 평화로워 세속에 끌려가지 않고 육바라밀을 잘 닦아가는 모습을 볼 수 있습니다.

세상일이란 이 몸이 있을 때 필요할 뿐 미래세상을 생각한다면 오직 마음수행만이 최상의 가치가 된다는 것을 알아야 합니다. 아무리 세상이 살기 좋다고 해도 인생 80이 넘으면 정신이 흐려지고 판단력이 사라져 어린아이처럼 상황을 잘 이해하지 못합니다.

그래서 나이 60이후부터는 자신의 미래를 위해 열심히 수행해야만 후회 없는 삶을 살아갈 수 있습니다. 나이 들어 마음 닦지 않고 세상일에 집착하면 정신이 흐려져 치매가 오고 지혜를 잃으므로 바른길을 갈 수 없습니다. 때문에 평상시 염불하지 않으면 늙어 기력이 없을 때 염불하고자 해도 정진이 되지 않으나 젊었을 때부터 평상시 염불수행을 해야 합니다.

(질문) 극락정토에는 어느 정도 닦아야 정토왕생 할 수 있나요?

(답변) 천상과 인간 등 여섯 갈래 길은 중생들이 스스로 지은 업력에 따라 가지만 정토는 부처님의 공덕과 원력으로 장엄된 보신토報身土이므로 중생들이 비록 업력의 장애가 있다고 해도 일심으로 염불하고 발원하면 부처님 가피력을 입고 정토에 왕생하게 됩니다.

아미타경에 이르기를 "만약 불자가 '나무아미타불' 명호를 하루나 칠일 정도 일심으로 염불하면 목숨이 마칠 때 아미타불이 여러 보살대중과 함께 그 사람 앞에 나타나므로 그 사람은 흔들리지 아니하고 곧장 아미타불 극락세계에 왕생한다."라고 했습니다.

이 밖에 정토왕생 영험담은 인도 중국 우리나라 일본에 많이 기록되어 있으니 정토를 의심할 여지는 없습니다. 다만 왕생을 못하는 요인은 오직 탐진치 삼독업의 힘이 너무 강하거나 세속적 욕망에 대해 갈구하는 애착과 애욕이 심할 경우 업력의 장애를 받아 정토왕생이 어려워질 수 있습니다.

이제 우리가 인류의 미래를 생각한다면 더욱 정토왕생을 위한 발원과 수행을 잘 해야 합니다. 오늘날 세계 환경 전문가들에 의하면 지금과 같이 80억 인류가 쏟아내는 환경오염은 시간이 지날수록 가속도가 붙어 앞으로 멀지않은 미래에 세상을 뒤덮는 질병과, 3차 세계대전, 환경 재앙 등으로 인해 지구의 종말을 볼 수 있다고 합니다. 이처럼 급변하는 시대를 살아가는 우리가 이 위기를 어떻게 극복해야 할까요. 여기에 대해 부처님께서는 다음과 같이 법문하셨습니다.

"세상이 때가 되어 극 말세가 되면 대삼재가 일어나 세상의 모든 것은 파멸되는데 이 때 부처님 경전까지도 사라지지만 오직 '나무아미타불'이 여섯 자만이 나의 신통력으로 백년간 더 머물게 하여 말세중생을 구제하게 될 것이다." 라고 했습니다. 여기에서 부처님은 중생을 위해 염불수행의 중요성을 강조했다고 볼 수 있습니다.

관무량수경에 이르기를 "극락세계는 염불하는 근기에 따라 구품단계로 왕생한다."라고 했습니다. 즉 인因을 심지 않고 과果를 기대할 수 없다는 것입니다. 그리고 정토에 왕생하는 데 세속적 업장을 버리지 않고도 정토왕생을 할 수 있는지 많은 사람들이 궁금하게 생각합니다.

무량수경에 이르기를 "염불하는 자가 정토발원하고 염불수행을 한다면 비록 업력의 장애를 받더라도 아미타부처님의 48대원력에 의하여 왕생할 수 있으나 오직 다섯 가지 무거운 죄(오역죄)를 지은 사람과 정토를 비방하고 부정하는 자는 정토왕생을 할 수 없다."라고 했습니다.
(주 : 오역죄 : 1 악의적으로 사람을 죽인 죄 2 사회와 국가에 큰 해악으로 국민을 괴롭힌 죄 3 사찰을 파괴하고 불교를 비방하며 대중의 화합을 깨뜨린 죄 4 평상시에 악심과 악행이 많아 악업의 기운이 충만한 죄 5 세속에서 용납할 수 없는 중범죄자)

관무량수경에는 비록 중죄를 지었더라도 참회하고 선행을 하며 일심으로 염불정진 한다면 정토에 왕생할 수 있다고 했습니다.

25 극락정토 10종 공덕

(질문) 중생이 업장을 가진 상태로 정토왕생 했다면 정토에서 다시 업장이 발동하여 윤회계에 떨어질 수 있지 않겠습니까?

(답변) 정토에 왕생하면 10종 공덕이 있어 타락하지 않는다고 정토삼부경에 설했습니다.

1. 정토는 부처님의 원력으로 장엄되었기 때문입니다.

2. 정토에 왕생하면 여섯가지 신통으로 온 세상을 살펴보므로 천상세계도 원하지 않는데 괴로움이 많은 인간세계를 그리워할 이유가 없습니다.

3. 정토에는 항상 발심 수행한 대승 보살이 머무는 곳最上善人俱會一處이라 정토에 왕생하면 저절로 신심이 나고 발심이 되어 누구나 최상의 선인이 되어 스스로 수행을 하게 됩니다.

4. 정토에는 음과 양이 없고 연꽃에 화생化生하므로 처음부터 번뇌가 일어날 소재가 없습니다.

5. 정토에는 외도와 사악한 마군들의 업력과 기운이 침범할 수 없으므로 잘못된 경계에 떨어지지 않습니다.

6. 정토란 무한절대성 부처님의 원력으로 장엄된 정신세계이므로 잘못된 일이 처음부터 일어나지 않습니다.

7. 정토에 사는 중생은 저절로 발심 수행할 수밖에 없으므로 악도에 떨어질 이유가 없습니다.

8. 정토에는 본래 고도의 높은 정신세계이므로 감정으로 인한 번뇌가 없고 번뇌에 의한 괴로움과 즐거움이 없으니 언제나 영원성과 초월적인 법열과 즐거움으로 존재하기에 극락세계라고 합니다.

9. 정토에는 본래부터 악연이 없으므로 물러서지 않고 정토에는 여의구족如意具足이라 애써 구할 필요가 없습니다.

10. 정토에 태어나면 상기 열 가지 공덕이 있어 필경 성불하게 되니 다시는 윤회계에 떨어질 일은 없기 때문입니다.

26 염불수행의 10종 공덕

'나무아미타불' 이 법문은 나고 죽음의 고해苦海를 건너가는 가장 이상적인 길이며, 중생 그대로 부처로 바꾸는 큰 일입니다. 무시억겁으로부터 내려온 번뇌 망상에 찌든 업신業身을 진리의 몸으로 바꾸는 위대한 일이니 우리는 염불정진을 잘 닦아야 합니다.

우익대사께서 이르기를 "나무아미타불은 팔만대장경의 골수라 모든 부처님의 근본이며 천칠백 화두와 모든 수행법도 이 법에서 벗어나지 않는다."라고 했습니다. 그러므로 일심으로 염불하는 사람에게는 10가지 공덕이 있으니 다음과 같습니다.

1. 아미타불의 48대원은 윤회에 헤매는 중생을 구제하는 가장 큰 방편이다.

2. 나무아미타불 이 여섯 자는 깨달음의 광명이며 악도에서 벗어나는 길이다.

3. 나무아미타불 염불 한마디에 온갖 악귀가 두려워 도망간다. 그리고 악한 기운이 사라지므로 모든 선신들이 기뻐한다.

4. 염불하면 오랜 무명에서 벗어나고 생사업이 소멸되며 큰 공덕을 얻는다.

5. 시방세계 부처님이 칭찬하고 모든 선신이 보호한다.

6. 심성이 맑아지므로 한량없는 공덕을 짓는 인연이 된다.

7. 과거세에 지은 업장이 녹아 원결이 풀리고 선업을 짓게 된다.

8. 마음에 평화가 생겨나 몸이 건강해지고 악연이 멀어진다.

9. 죽을 때 험난한 상황에 빠지지 않고 혼미하거나 치매가 없다.

10. 임종 전 십념으로 극락정토에 왕생하여 영원히 윤회를 벗어난다.

임종시 십념+念이란 사람이 숨이 끊어지기 전 극한 상황에서 열 번 '나무아미타불'을 망각하지 않고 부르는 것인데 이와 같이 임종시 십념을 하려면 고도의 염불수행을 해야 하므로 평상시에 염불일념이 되도록 열심히 수행해야 합니다.

대개 사람들은 임종시에 정신이 혼미하여 임종시 한 번 염불도 어려운데 열 번 하는 것은 매우 어렵기 때문에 평상시 지속적으로 염불수행 하다보면 숨이 끊어지기 전 극한 상황에서도 정신이 혼미하지 않고 속으로는 끊임없이 염불할 수 있습니다.

만일 누군가 임종시에 옆에서 조념助念을 해주면 큰 도움이 될 수 있습니다. 조념助念이란 임종을 맞이하는 사람 옆에서 소리 내어 염불하거나, '나무아미타불' 염불 소리가 나는 염불기를 통해 염불소리를 듣게 해주면 임종을 맞이하는 사람이 염불하는 마음을 잃지 않도록 도와주는 것입니다.

27 염불수행의 16종 공덕

지극하게 염불정진하면 16가지 공덕이 있으니 다음과 같습니다.

1. 모든 부처님이 칭찬하고
2. 선근이 자라나며
3. 마장이 사라지고
4. 선신이 보호하며
5. 몸과 마음이 맑아지고
6. 전생 업장이 소멸되며
7. 악인은 멀어지고
8. 선인은 가까워지며
9. 망상이 줄어들고
10. 두려움이 없어지며
11. 사람들이 좋아하며
12. 아상이 줄어들고
13. 사심이 사라지며

14. 삿된 영가나 빙의가 사라지고
15. 염불삼매를 얻으며
16. 정토에 태어난다.

만약 산길을 가다가 무서울 때 '나무아미타불'을 소리 내서 하면 귀신들이 아주 멀리 도망을 갑니다. 왜냐하면 염불을 하면 몸에서 밝은 광명이 뻗어 나오므로 잡귀가 침범하지 못하게 됩니다.

만일 영가가 사람에게 붙어있는 경우도 '나무아미타불' 염불을 오래하면 영가는 해탈하게 됩니다. 그래서 옛사람이 말하기를 "사람은 경우에 달렸고, 귀신은 경문에 달렸다."라고 했습니다.

왜 귀신은 경문에 달렸을까요?
염불하면 귀신은 견딜 수 없으므로 도망갈 수밖에 없습니다.

본래 불교의 목표는 부처가 되는 것인데 염불은 이 몸 그대로 염불하는 순간 부처가 되는 공부입니다. 그래서 옛사람이 말하기를 일초직입여래지一超直入如來地라고 했습니다. 즉 한번 뛰어서 바로 부처가 된다는 것입니다.

이렇게 번뇌를 그대로 부처로 바꿀 수 있는 유일한 방법이 염불입니다. 부처님 명호를 외우면 곧 그 순간 아미타불이 되고, 중생심을 가지면 바로 중생이 되기 때문에 염불을 지속하여 영원한 부처 노릇하도록 정진해야 합니다.

28 염불수행 30종 공덕

석정토군의론釋淨土群疑論에 정토에는 30가지 이익이 있음을 밝혔는데 다음과 같습니다.

1. 가지가지 공덕으로 장엄한 불국토에 살아가는 공덕

2. 위대한 대승법을 배울 수 있는 공덕

3. 부처님과 대보살을 가까이하고 공양 올릴 수 있는 공덕

4. 시방세계 불국토를 순례할 수 있는 공덕

5. 아미타불로부터 마정수기 받을 수 있는 공덕

6. 복과 지혜를 갖출 수 있는 공덕

7. 최상의 깨달음에 들어가는 공덕

8. 여러 보살들과 함께 어울려 수행할 수 있는 공덕

9. 깨달음에 물러서지 않는 공덕

10. 수행과 공덕을 충만하게 가질 수 있는 공덕

11. 정토에는 모든 존재들에게 법문 들을 수 있는 공덕

12. 맑은 바람이 불어올 때 나무에서 불국토 명상음악을 듣는 공덕

13. 청정한 계곡물에서 공空의 이치를 들을 수 있는 공덕

14. 정토에 있는 음악으로 발심수행하고 모든 법을 알게 되는 공덕

15. 아미타불의 48대원으로 삼악도를 벗어나는 공덕

16. 정토에 태어나면 누구나 금색 몸을 갖는 공덕

17. 얼굴상이 청아하며 고요한 모습을 갖게 되는 공덕

18. 여섯가지 신통을 저절로 갖추게 되는 공덕

19. 확정적으로 바른 깨달음에 들어가게 되는 공덕

20. 모든 악행이 사라지는 공덕

21. 정토에 태어나면 무한한 목숨을 얻게 되는 공덕

22. 옷과 밥이 저절로 생기는 공덕

23. 온갖 즐거움을 다 갖추는 공덕

24. 부처님처럼 거룩한 모양을 갖추는 공덕

25. 불편함이 없는 성스러운 몸을 받는 공덕

26. 자신의 이익만을 위하는 작은 법을 여의는 공덕

27. 삼재와 팔난을 받지 않는 공덕

28. 삼법인(三法印 : 諸行無常 諸法無我 涅槃寂靜)을 증득하는 공덕

29. 몸에 항상 광명이 나타나는 공덕

30. 나라연 같은 큰 능력과 힘을 얻는 공덕

29 정토에 갔다 온 스님

근래 중국 허운화상의 제자인 관정법사는 어느 동굴에서 염불하다가 관세음보살 인도로 극락세계에 가서 아미타불 친견하고 법문까지 듣고 돌아와 『극락세계유람기』라는 책을 지었습니다.

산승도 관정스님의 극락세계유람기를 많이 인쇄하여 나누어 준 적이 있습니다. 극락세계는 진실로 존재하고 있으며 누구나 염불하고 발원하면 정토왕생 할 수 있습니다. 그러므로 말세에 염불수행을 하는 사람은 정토에 대해 확고한 신심을 가져야 합니다.

제1장 염불수행의 기본

대체로 선근이 많은 신심 있는 불자라면 염불법문을 들으면 바로 믿음을 내어 적극적으로 염불하게 됩니다. 이는 전생부터 많이 닦았기 때문에 한 번 들으면 의심하지 않는 것입니다.

산승이 어릴 때 출가하여 암자에서 노스님에게 한문을 배우는데 30분 정도 글을 가르치고는 바로 정토계 경전에서 발췌한 문구를 말하면서 정토법문을 매일 조금씩 하셨습니다. 어린 마음에 염불법문은 나에게 큰 영향을 주었으며, 그 후 오래도록 선원과 토굴에서 화두참구 하다가 나이 50이 넘으면서 크게 느낀 바 있어 산승은 염불수행에 전념하게 되었습니다.

염불수행은 상·중·하근기 누구에게나 적용이 되며 특히 오늘날같이 인지가 발달된 시대에는 더욱 염불수행이 절실하다고 볼 수 있습니다. 서산대사는 화두타파 후 중생들 근기에 맞추어 염불수행을 많이 권장하셨으며 사명대사 역시 염불을 권했습니다.

근래에 어떤 스님은 염불삼매를 체험한 스님도 있으며 염불로써 몽중일여까지 들어가신 스님과 불자도 간혹 있습니다. 만일 몽중일여에 들어가면 몽중에 극락세계에 갔다 올 수 있습니다.

염불삼매는 번뇌가 있으면 장애가 생겨 삼매에 들어갈 수 없고 오직 계, 정, 혜 삼학을 갖추어야만 삼매에 들어갈 수 있으니 우리 모두는 염불삼매에 들어갈 수 있도록 일심으로 염불해야 합니다.

30 정토왕생 공덕과 영험

 인도 중국 우리나라 일본에서는 염불정진으로 정토에 왕생한 사례가 매우 많으며 인도에서는 화엄경 편찬자로 유명한 용수보살(妙雲相佛의化身)과 대승기신론 저자인 마명보살(大光明佛의化身)과 대승불교중흥조인 세친보살이 있는데 이 세분의 육신보살은 인도에서 대승불교를 완성했으며 과거세 부처님의 화신인데 정토염불수행을 적극 권장했습니다.

중국과 우리나라 일본에서는 염불수행이 과거부터 오늘날까지 대세로 자리 잡고 성행하므로 인해 정토왕생한 사람이 수없이 많으며 염불을 지극하게 수행한 큰스님들에 의해 오늘날까지 흥성하게 전해지고 있습니다. 정토에 왕생한 큰스님으로 인도 중국 우리나라 일본에 매우 많으며 그 내용을 기록한 왕생록도 각 나라마다 전해지고 있습니다.

혜원법사(서기350년경)는 중국 염불종의 초조가 되는 선사로써 스승이신 도안법사에게 염불수행 가르침을 받은 뒤 여산에 들어가 백련염불결사를 만들고 거기에 모인 대중 123인과 함께 30년 동안 절 입구에 있는 호계라는 다리를 건너가지 않고 오로지 염불정진만 하였습니다.

중국 고사에 호계삼소虎溪三笑라는 말이 있는데 그 유래 또한 여기에서 기인 되었습니다. 여산기에 의하면 지금부터 1600년 전 혜원법사는 중국 강서성 여산 동림사에 살면서 어느 누가 와도 산문 입구에 있는 호계다리를 건너가지 않는 원칙을 세우고 정진 했습니다.

어느 날 유교의 대학자인 도연명과 도교의 유명한 도사인 육수정의 방문을 받고 도담道談을 나누며 전송하다가 무심코 그만 다리를 건너고 말았는데 그 때 산에서 범이 우는 소리를 듣고 둘러보니 세 사람은 이미 다리를 건넜다는 사실을 깨달고 서로 마주보며 웃었다는 기록이 있습니다.

중국은 혜원대사로부터 염불수행이 번성하기 시작했으며 서기 500년경 천태지자대사가 천태산에 수선사를 창건하고 천태지관 수행법을 확립하고 염불수행에 전념하다가 제자 무상대사에게 염불법을 전하고 60세에 좌탈입망 하였습니다. 그 후 중국 천하에 염불수행이 두루하여 수

많은 염불종사들이 출현했습니다.
우리나라에는 서기 600년경에 원효대사와 의상대사가 염불수행에 전념했으며 원효대사는 70세에 좌탈입적했고 의상대사는 항상 서쪽 아미타불을 향해 정진하시다가 78세에 좌탈입적 했습니다.

신라말 서기700년경에 발징화상은 서기747년부터 775년까지 1000명 대중과 함께 염불정진한지 27년 되던 해에 31명은 육신등공하여 10리 밖에 육신을 버리고 정토왕생하였으며, 그 밖에 1000명은 만일 회향 밤 대중들 꿈에 큰 배가 사찰입구에 다가오므로 모두 거기에 올라타고 정토왕생 했다고 합니다.

이것은 불교사에서 매우 특별한 일로써 염불수행을 통해 정토왕생 하는 영험을 보인 것입니다. 고려 일연대사는 삼국유사에 이 일을 기록한 뒤 다음과 같은 영험담을 남겼습니다.

신라 말 발징화상이 이끄는 건봉사 만일결사에 후원 산림을 총괄하는 별좌 욱면은 소임 보면서 죄를 지어 그 후 삼생을 노비로 태어나 죄업을 씻고 9년간 염불하다 영주부석사 무량수전 법당에서 욱면낭자의 육신이 허공으로 솟아올라 정토왕생 하였습니다.

이에 일연선사는 욱면낭자 신심에 대해 이렇게 평찬송을 읊었습니다.

"염불도량 향불은 꺼지지 않는데
노비로써 일하고 절에 오니 한밤중
고단한 몸 양손 묶어 합장하고
밤새도록 서서 끊임없이 염불하네.
육신을 잊고 일심정성 염불하니

극락정토가 눈앞에 나타났도다."
근래에 해인사 인곡대사는 가실 날을 미리 알고 다음날 간다고 하니 제자들의 간청에 의해 3일을 더 연장하고 숨 떨어지기 전까지 '나무아미타불' 염불을 하였습니다.

해인사 자운화상께서는 평생을 염불하셨는데 행주좌와 언제나 염불하시더니 편안하게 앉아 열반하셨고 광명이 나는 사리가 나왔습니다.

염불의 큰 선지식으로 인도의 용수 마명 세친 등이 있고, 중국에는 도안 혜원 천태 무상 법조 선도 영명 감산 운루 철오 인광 관정 등이 있으며, 우리나라에는 신라시대부터 원광 자장 원효 의상 발징 요연 보조 대각 나옹 함허 서산 사명, 근래에는 인곡 자운 수산 법경 청화 월인 등 여러 큰스님들의 염불결사로 인해 우리나라에는 다시 염불수행의 시대를 열어 가고 있습니다.

산승 또한 옛 선사의 염불선 정신을 이어 받아 널리 펴고자 태백산에 큰 마음도량을 세우고 100여명의 대중과 함께 염불정진회를 결성하고 그 취지문을 발표 했습니다. 본 염불정진결사는 1차 천일을 기약으로 시작했으며, 2차·3차로 끊임없이 이어가고자 합니다.

태백산 큰마음도량 큰마음동산

2장 염불수행의 가르침

태백산 큰마음도량 염불법회

31 화엄경속에 염불법문

 화엄경 마지막 입법계품에 문수보살께서 보리심을 낸 선재동자에게 남쪽에 있는 53선지식 중 첫번째 선지식인 덕운비구를 찾아 염불법문을 듣게 하였는데 내용은 염불을 통해서 일체 경계와 지혜를 깨닫도록 하였습니다.

선남자여! 모든 보살이 끝없는 지혜와 청정한 수행을 하고자 하려면 이른 바 지혜로운 광명이 널리 비추는 염불수행문이 있으니 이는 항상 일체 불국토의 가지가지 궁전과 엄정한 모습을 보기 때문이니라.
여기 일체중생이 닦아가는 염불수행문이 있으니 모든 중생들이 부처님을 보고 청정을 얻는 연고이며 또 편안하게 머무는 염불문이 있으니 부처님의 열 가지 힘 가운데로 들어가기 때문이니라.

일체시에 항상 염불수행문에 머무름이니 항상 여래를 보되 떠나지 않기 때문이며, 일체국토 염불수행문이며, 일체세상 염불수행문에 머무르며, 일체경계 염불수행문에 머무르며, 적멸염불수행문에 머무름이니 일념중에 일체부처님을 보기 때문이니라.

장엄염불수행문에 머무름이니 일념중에 일체국토에 모든 부처님이 정각을 이루고 신통을 나타내기 때문이며, 자기 마음 따라 하는 염불수행문이며, 허공염불문에 머무름이니 여래의 몸이 허공법계를 장엄함을 관찰하기 때문이니라.

32 문수반야경의 중요내용

문수보살이 부처님께 여쭙기를 세존이시여 마땅히 어떻게 수행해야 빨리 더 이상이 없는 최상의 정각을 이룰 수 있겠습니까?

부처님께서 말씀하시기를 여기 일행삼매一行三昧가 있느니라. 만일 불자가 이 삼매에 들어가고자 하려면 먼저 조용한 곳에서 애착과 욕망과 망상과 산란심을 버리고 아미타불 명호를 염송하되 생각생각 이어진다면 마음이 밝아지며 무량한 공덕을 입게 되고 마침내 최상의 정각을 이루게 되느니라.

이와 같이 일심으로 염불 수행하는 공덕은 무량하여 지혜와 변재 또한 걸림 없게 되느니라. 만일 일행삼매에 들어가면 모든 부처님의 공덕을 알게 되고 모든 법문을 깨달게 되어 밤낮으로 설법해도 막히지 않게 되느니라.

 너희들은 이제 모든 것을 내려놓고 오직 아미타불 이 넉자에 전념하되 잠시라도 게으르지 말 것이며 이렇게 오래도록 정진하면 저절로 일행삼매一行三昧에 들어가느니라.

만일 어떤 사람이 여러 가지 관법이나 수행법에 진전이 없다면 다만 고요히 앉아 스스로 염불하는 소리에 집중하라. 그리하여 염불하는 마음이 익어지면 아미타불 정토에 왕생하게 되리라.

33 반주삼매경 중요내용

부처님께서 이르기를 너희들이 염불삼매에 들어가려면 먼저 부처님이 설한 계법을 잘 지녀야 하고 다음 고요한 곳에 단정히 앉아 일심으로 '아미타불'을 생각해야 한다.

만약 불자가 아미타불 명호를 듣고 계율을 잘 가지는 가운데 일심으로 아미타불 명호를 염송하되 7일 밤낮을 지나면 꿈속에서 아미타불을 친견하게 되느니라.

만일 극락세계에 태어나기를 원한다면 일상생활 속에서 항상 아미타불을 염송하면 마땅히 아미타불 정토에 왕생하게 되느니라.

염불자는 12가지를 알아야 하나니

1. 견고한 신심이 있어야 하고
2. 항상 염불정진을 해야 하며
3. 염불정진 외에 삿된 법에 빠지지 말아야 하고
4. 좋은 스승에 의지해야 한다.

또 4가지 법을 알아야 하느니라.

1. 사람을 부처님 도량으로 인도할 줄 알아야 하고
2. 부처님 법을 듣게 하고 발심수행 하도록 인도해야 하며
3. 잘하는 사람에게 질투하지 말고 칭찬 해주어야 하고
4. 수행을 잘할 수 있도록 도와주는 것이니라.

이와 같이 불자는 마땅히 자비심으로 항상 사람을 기쁘게 해야 하고 스승을 즐겁게 해야 하느니라.

보살이 다시 4가지를 실행하면 속히 염불삼매를 얻느니라.

1. 외도를 믿지 않음이요.
2. 애욕을 끊음이요.
3. 법대로 잘 실천함이요.
4. 세속적 욕망에 빠지지 않을 때 속히 염불삼매를 성취한다.

만약 누가 이 법문 들었다면
그 복은 제일 공덕이 되나니
이 뜻을 알고 남에게 설한다면
천상천하 비교할 곳 없으리라.

너희에게 권하노니
항상 불법에 의지하되
스스로도 수행하고
남에게도 권장하되
방일하지 말라.
용맹하게 수행한다면
반드시 큰 도를 얻으리라.

이 염불삼매에 의지하면
반드시 아미타불 친견하나니
어떤 상황에서도 두려움 없고
극락정토에 왕생하게 되리라.

너희들은 항상 염불삼매를 수행하여 부처님 가르침에 따라 정진하라. 성품을 보고 깨달음을 얻으면 모든 부처님과 같아지리라.
보살이 일체법에 집착하지 않으므로 부처님을 친견할 수 있으며, 보살이 무집착을 통해서 삼매에 들어가면 망상의 근본이 무너지고 부처님을 친견 하느니라.

그러나 부처님에게도 집착하지 말아야 한다. 왜냐하면 어떤 법에도 집착하면 참 부처를 만날 수 없기 때문이니라. 비유하자면 불에 달구어진 쇠뭉치를 사람이 만지지 않는 것과 같다.

이와 같이 보살은 질병에 대한 근심이나 나고 죽음에 관한 생각과 이 밖에 일체에 대해 집착하지 않으므로 염불삼매에 빨리 들어가게 되느니라. 항상 도道에 따라 부지런히 정진하여 몸과 마음을 맑히고 닦아야 한다. 만일 닦기 어렵다고 멀리 하면 점점 나쁜 길로 떨어지기 때문이니라.

수행자가 염불삼매를 얻으려면 마땅히 청정하게 살아야 하고 항상 고요한 곳에서 청빈한 생활을 해야 하며 절제된 삶의 자세와 시기 질투를 떠나 고요한 마음으로 수행해야 하느니라.

내가 지금 설한 법과 같이
잘 배우고 익혀 공덕을 행하고
스스로 법도를 잘 지킨다면
염불삼매 얻기 어렵지 않으리라.

항상 생활은 검소해야 하며
욕락을 버리고 맑은 마음으로
염불삼매를 닦는다면
그가 곧 부처님 제자라 한다.

항상 부지런하게 정진해야 하며
사람들과 모여 잡담을 피하고
언제나 부처님가르침만 생각하라.
어리석은 사람과 어울리지 말라.

탐욕과 망상에 빠지지 말고
언쟁과 어리석음 멀리한다면
악마의 그물망에 떨어지지 않나니
삼매를 구하려면 이렇게 행하라.

발타화보살이 부처님께 여쭈었다.
"만약 세속적 생활 속에서 염불하려면 어떻게 닦아야 하겠습니까?"

부처님께서 말씀하셨다.
"만약 속세에 사는 보살이 염불삼매

를 닦으려면 먼저 기본적으로 오계 (살생, 도적질, 사음, 거짓말, 술)를 범하지 말아야 하며 항상 십악참회를 하고 6바라밀을 실천해야 한다. 이러한 기본 바탕 위에 올바른 수행을 할 수 있느니라."

만일 어떤 속세의 보살이
염불삼매 얻으려고 한다면
마땅히 참회를 해야 하고
재물과 애욕을 멀리해야 하네.

남의 잘못을 말하지 말고
남을 얕보거나 미워하지 말며
남을 함부로 왜곡하지 말고
사치와 허영심을 버려야 한다.

현명한 자는 자만하지 않으며
항상 부처님 은혜를 생각하고
굳은 신심과 뜻을 가지나니
이때 염불삼매 닦을 수 있으리라.

마음속에 질투 없이 멀리 보고
청정한 믿음과 지혜로써
항상 정진하여 게으르지 말지니 이
같이 행하면 염불삼매 얻으리라.

수행자는 항상 검소하고 맑아
뜻이 굳건하여 흔들리지 않으며
물질에 집착 없어 쌓지 않으면
속히 염불삼매 증득하게 되리라.

정진에 뜻을 두면 잃을 것 없고 공
양물과 이익을 탐하지 않으며
오직 부처님 법에 따라 정진하여 무
량한 공덕과 지혜 얻느니라.

나의 과거 전생을 돌아보니 어느덧 햇수가 육만 년이 넘었다. 그동안 스승에 의지하여 수행했지만 나 또한 처음부터 정진을 잘한 것은 아니었다. 그러나 방심하지 않고 정진하여 마침내 정각에 이르렀느니라.

34 아미타경의 중요내용

만약 불자들이 3일이나 7일동안 아미타불 명호를 가지고執持名號 일심불란一心不亂하게 염불하면 이 사람의 목숨이 마치려할 때 아미타불께서 그 앞에 나타날 것이며 이때 그는 마음이 혼미하지 않고 극락세계에 가서 날 것이니라.

(해설) 상기 글은 아미타경에서 가장 핵심적인 내용입니다. 염불 수행자에게 있어 가장 중요한 3가지가 있는데 믿음과 신심, 발원과 수행정진입니다. 이 가운데 정토에 대한 믿음을 주기 위해 아미타경 90%를 설했습니다. 정토에 대한 믿음이 없으면 발원과 수행이 이어지지 않기 때문입니다.

또 다시 아미타경에 이르기를
"여기에서 서쪽으로 십만억 땅을 지나가면 극락이라는 세계가 있는데 그 세계에는 아미타불이 계시며 지금도 설법하고 있느니라.
저 세계를 왜 극락이라 했는가. 그 세계에는 어떤 고통이 없고 고통의 요인도 없으며 오직 즐거움만 있기 때문이니라.

극락에는 한량없는 공덕으로 이루어졌기에 어떤 고뇌도 없다. 또 극락에는 부처님광명으로 충만하여 사람의 수명이 끝이 없고 거기에는 수많은 성자들이 함께 머물러 있으며 시방에 계시는 여러 부처님께서도 극락세계와 아미타불을 칭찬하고 찬탄하느니라."

부처님께서는 다시 믿음에 대해 이렇게 설했습니다.

"너희 중생들은 마땅히 불가사의한 공덕을 설한 이 가르침을 믿어야 하느니라. 왜냐하면 이 경은 모든 부처님이 보호하는 가르침이 있기 때문이니라. 만일 불자들이 이 가르침을 듣고 아미타불 명호를 칭념하면 마침내 성불하게 될 것이니 너희들은 나의 이 믿기 어려운 나의 이 말을 잘 믿을지니라."

본 경 끝에 발원에 관한 소중한 법문이 있습니다.

"만약 어떤 사람이 극락세계에 왕생하기를 이미 발원했거나 지금 발원하거나 장차 발원하는 이는 모두 위없는 부처의 깨달음에 물러서지 않을 것이므로 신심 있는 불자들은 마땅히 저 극락세계에 왕생하기를 발원해야 하느니라."

이렇게 아미타경은 비록 짧은 경이지만 극락정토에 대해서 가장 믿음과 신심을 일으키게 하는 매우 소중한 경전 입니다.

35 무량수경의 중요내용

"만약 어떤 중생이 이 세상에서 아미타불을 친견하고자 한다면 마땅히 보리심을 일으켜야하고 부처님의 청정한 계율을 지키며 극락세계에 아미타불을 일심으로 염불하되 여러 가지 선근 공덕을 짓고 이를 다시 정토에 회향해야 하느니라.
이렇게 하면 아미타불을 친견하고 저 국토에 태어나 다시는 중생계에 떨어지지 아니하고 마침내 불도를 이루게 되느니라.

정토에는 칠보로 된 연못이 있는데 그 연못의 물은 향기롭고 맑으며 8종의 공덕을 구족했느니라.
연못가 언덕에는 무수한 전단나무와

가지가지 나무에 꽃과 열매가 향기를 풍기나니 이것은 세상에 어떤 것과도 비교되지 않느니라. 연못 바닥에는 금모래가 깔려 있으며 푸른연꽃 붉은연꽃 노란연꽃 하얀연꽃 등 갖가지 색과 빛나는 연꽃이 있느니라.
거기에 중생들이 8공덕수에 목욕하고자 들어가면 원하는 대로 수위조정이 되며 맑고 향기로워 그 물에 목욕하면 깨우침을 얻고 심신이 안락하게 되느니라.

부처님께서 다시 말씀하시기를 이 오탁악세 사람들은 정토라는 세계를 믿지 않고 오직 세간의 욕심에 취해 좋을 것도 없는 일에 서로 앞다투어 구하느라 생사윤회 벗어나는 정토에 관심조차 없다.

지극히 괴로움이 가득찬 세상에서 몸과 마음을 고달프게 하면서도 허망한 일을 위해 전력을 다하고 있다. 그리하여 걱정을 하면서 실속 없이 살아간다.

모든 악인들은 지은 죄업이 저절로 저장식(아뢰야식)에 기록되어 그 업식에 따라 온갖 재앙으로부터 벗어날 길이 없는데 어떻게 수행할 수 있겠는가.

그 때를 당해서 아무리 후회해도 결정된 업보는 피할 수 없으니 명심하여 결단코 악업을 짓지 말고 항상 선행을 지어야 수행에 장애를 받지 않느니라. 때문에 그대들은 항상 공덕을 지어야 하고 계율을 잘 지켜야 하며 모든 어려움을 당해서 인욕하고 중생들을 자애로운 마음으로 대해야 한다.

만일 청정심으로 하루 밤낮 동안 정

진한다면 극락세계에서 백년을 닦은 것보다 수승 하느니라. 왜 그러한가. 저 불국토 사람들은 모두 덕을 쌓고 선근이 많아 조그마한 악도 없기 때문이니라.

만일 이 세상에서 열흘 밤낮동안 선을 닦는다면 저 불국토에서 천년동안 선을 행한 것 보다 수승 하느니라. 왜 그러한가. 저 불국토에는 복덕이 충만하여 악을 지을 일이 없기 때문이니라.

이 세상에는 선은 적고 악이 많아 괴로움은 많고 즐거움은 적어 선행 하기 어렵고 악행 하기는 쉽기 때문에 수행정진하려고 해도 마장도 많고 공을 이루기도 어려운 것이다.

만약 어떤 중생이 염불하는 소리를 듣고 자비심과 청정심이 일어나고 환희심으로 눈물을 흘린다면 이는 전생부터 많이 닦았기 때문이니라.

오는 미래 세상에 말세가 되어 부처님법이 사라져 스승과 정법을 만나기 어려운 시절이라도 나는 대자비심을 일으켜 나무아미타불 명호와 이 경전이 백년을 더 머물러 중생을 세도 받게 할 것이니라.

36 관무량수경의 중요내용

정토삼부경 중 세번째에 해당하는 경전인 관무량수경에서는 정토에 왕생하기 위해서는 기본적으로 3가지 마음을 가져야 한다고 했습니다.

1. **지성심**至誠心**이니** 정토에 왕생하고자 정성을 다하는 간절한 마음.

2. **심심**深心**이니** 중생이 윤회에서 벗어날 수 있는 길은 오직 염불뿐이라는 확고부동한 마음.

3. **회향발원심**回向發願心이니 보살의 마음을 가지고 중생을 구제하겠다는 원력심으로 공덕을 회향해야하느니라.

관무량수경에서는 부처님께서 빔비사라왕비인 위제희에게 부처님이 16관 수행을 가르치셨는데 여기에서는 중요한 몇 가지를 옮겨 보겠습니다.

"제1관 그대가 서쪽을 향하여
단정히 앉아 서산으로 넘어가는
해를 관하라. 생각을 한곳에 모아
움직이지 말고 지는 해기 마치
서쪽하늘에 매달린 북같이
볼지니라. 이어 해를 본 후에도
눈을 감으나 눈을 뜨나 그 영상이
한결같이 분명하게 보이도록
할지니라. 이것을 일상관이라
하느니라.

(해설 : 여기에서 중요한 것은
일상관을 지을 때 둥근 해를
아미타부처님으로(大日如來) 생각하고
관을 지어야 합니다.)

제5관 극락세계 8공덕으로 장엄된
연못에 물이 있나니 그 연못에는
칠보로 이루어져 있고 그 물은
부드러우며 여의주로부터 물이
흘러나오느니라.
여의주에서 흘러나오는 물소리는
지극히 미묘하여 고 공 무상
무아(苦空. 無相. 無我)와 바라밀을
설하고 부처님의 상호와 장엄과
공덕을 찬탄하느니라.

여기에서 8공덕수를 관할 때 다음과
같은 여덟 가지 뜻을 관해야
하느니라. 1. 고苦 2. 공空 3. 무상無相
4. 무아無我 5. 육바라밀 6. 상호
7. 장엄 8. 공덕이니라.

제8관은 부처님을 관하는 것이니
부처님은 그대로 법계신法界身이니
일체중생들의 마음과 같으니라.
그러므로 그대들이 마음으로

부처님을 생각하면 이 마음 그대로
부처님과 다름없느니라.(是心是佛)
즉 이 마음 그대로 부처가 되고 이
마음이 곧 부처니라.(卽心卽佛)
모든 부처님의 큰 지혜는 이
마음으로부터 나오나니 이런 까닭에
일심으로 집중하여 나무아미타불
명호를 잘 관조해야 하느니라.

제12관은 자신이 정토에 왕생하는
모습을 관하는 상이니 자신이
극락세계 연꽃 속에 앉았는데
처음에는 연꽃이 접혔다가 마침내
연꽃이 핀다고 생각하고 연꽃이
피어 날 때에는 광명이 자기 몸을
비출 때 나의 심안이 열린다고
생각할지니라.

제16관이란 비록 세속적 악업을
많이 지어 악도에 떨어질 업을
지었더라도 임종시에 선지식을 만나

인도를 받고 지극한 마음으로
염불소리가 끊어지지 않고
'나무아미타불'을 부르되
십념(열번)을 구족하게 되면

부처님 명호를 부른 까닭에
한생각 가운데 80억겁동안 지은
생사죄업이 소멸되고 목숨이 마칠
때에는 황금빛 연꽃이 그 사람 앞에
나타난 것을 보고 짧은 순간에 바로
극락세계 하품하생 연꽃에
왕생하느니라."

37 칭찬정토경 중요내용

 부처님께서 사리불에게 말씀하셨다. 극락에는 아미타불이 모든 중생에게 매우 미묘한 법을 설하여 그들로 하여금 안락을 얻게 하신다. 사리불이여 극락정토에는 금 은 유리 등 일곱 가지 보배로 된 연못이 있고 거기에 8공덕수가 있느니라.

 무엇이 **8공덕수인가**. 1. 맑고 청정하다. 2. 맑고 시원하다. 3. 매우 감미롭다. 4. 부드럽다. 5. 윤택潤澤하다. 6.목욕하면 매우 안온하다. 7. 마시면 모든 기갈이 사라진다. 8. 마시고 나면 몸과 마음이 안정되고 신심이 나며 안락함을 느끼게 된다.

사리불이여 저 불국토 안에는 매우 아름답게 장식한 많은 공덕과 장엄이 되어있으며 끝없이 묘한 음악이 있는데 곡조가 온화하고 아름다워 음악을 들으면 모두 발심이 되어 저절로 염불하게 된다.

또 극락에는 아침마다 하늘의 묘한 꽃이 내려와 중생들은 그 꽃을 가지고 아미타부처님께 공양 올리고 다른 불국토에 계시는 부처님께도 공양 올린 후 본래 자리로 돌아온다. 사리자야 극락세계는 이렇게 아름답게 장식한 많은 공덕 장엄이 있어 매우 즐겁기 때문에 극락이라 이름하느니라.

(해설) 정토에 있는 8공덕수는 중생들 원하는 대로 변화하는 특징이 있어 경마다 상황에 따라 다르게 설한 것이 특징입니다.

38 보왕삼매론 중요내용

  중국 명나라때 염불종사인 지욱대사(서기1600년대 고승)께서 보왕삼매론을 지었습니다. 본론에 이르기를 모든 염불수행자를 위하여 나는 경전을 참고하여 10종 징에에 대하여 이에 대처하는 열 가지 법으로써 10가지 구할 것 없는 행을 밝혀두고자 하노라.

1. 몸에 병 없기를 구하지 마라. 몸에 병이 없으면 욕망이 생겨나고 무상을 생각하지 못한다.

2. 세상을 살아가면서 고난이 없기를 바라지 마라. 고난이 없으면 교만과 사치가 일어나 고난을 이기지 못한다.

3. 마음을 닦으면서 장애 없기를 바라지 마라. 정진에 장애가 없으면 분수를 잃고 일을 그르칠 수 있느니라.

4. 수행하는데 마구니 없기를 바라지 마라. 수행에 마가 없으면 서원이 견고하지 못하여 물러설 수 있느니라.

5. 일을 실천하는데 쉽게 성취하기를 바라지 마라. 일이 쉬우면 뜻이 경솔하고 태만해지느니라.

6. 남을 도울 때 나에게 이익을 생각하지 마라. 나의 이익을 생각하면 도의道義를 잃고 남을 비방하게 되느니라.

7. 다른 사람이 나에게 순종하기를 바라지 마라. 남이 나에게 순종

하면 스스로 자만에 빠져 나아가지 못한다.

8. 덕을 베풀고 보답을 바라지 마라. 보답을 바라는 마음이 있으면 사심을 가지게 된다.

9. 이익을 나눌 때 내 분수를 생각하지 마라. 이익에 취하면 어리석음에 떨어지고 추악한 상황에 떨어진다.

10. 억울함을 당해서 굳이 해명되기를 바라지 마라. 억압과 억울함에 초연하면 원한과 시비에 벗어나 자유를 얻는다.

이 열 구절의 뜻을 바르게 이해하고 잘 깨우친다면 설사 좋지 못한 상황에 들어가더라도 흔들리지 않을 것이며, 불도를 닦아 가는데 장애를 잘 이겨낼 수 있으리라. 마치 큰 나무가 겨울을 잘 이겨내고 봄에 다시 싹이 나고 활기를 찾는 것과 같다.

그러므로 알아라. 모든 장애가 곧 나의 큰 선지식이고 내가 복을 짓는 밭이 된다는 것이다. 이 때문에 석가부처님도 전생에 인욕보살이 되어 모든 악을 선으로 대하여 마침내 그들을 제도 했느니라.

무릇 일행삼매(一行三昧 : 염불에 집중하되 일념이 지속되는 상태)를 이루기 위해서는 먼저 세속적인 모든 현상이 무상함을 깨달아 오로지 염불수행에 집중하되 일상적인 모든 일은 오직 정토를 위해 수행할 뿐 다른 방편을 구하지 않는 것입니다.

이는 마치 작은 물방울을 큰 바다에 던지면 그 물방울은 큰 바다가 되어 영원히 하나 되어 사라지지 않는 것과 같이 작은 수행과 선근공덕을 정토에 회향하는 것도 이와 같아 본래의 선근은 남아 정토에 왕생함을 의심할 여지가 없다.

염불법문의 수승함은 마치 큰 바다가 모든 강물을 받아주지만 바다가 늘어나지도 않고 줄지도 않음과 같다. 그러므로 부처님께서 모든 사부대중에게 일심으로 염불 수행을 권장하셨느니라.

부처님이 말씀하시길 "말세가 되어 나의 법이 점점 소멸되어 갈 때 염불 수행법만은 백년을 더 머물러 모든 중생을 구제하게 되리라." 하셨다. 때문에 염불수행법은 부처님의 가장 절실한 가르침이며, 최후 1인까지 제도하고자 하는 원력을 알아야 하느니라.

이미 우리는 지금 말세에 태어났기에 근기가 하열하여 정토 염불법을 잘 믿지도 않고 수행하지도 않는다. 여기에 온갖 사견이 난무하여 정법에 의지하기는 더욱 어렵다. 이제 우리는 이 점을 깊이 각성하고 널리 사람들에게 염불 수행을 권유해야 하며 일심으로 염불하여 반드시 정토왕생 하도록 발원해야 하느니라.

"옛날 어떤 사람이 열심히 염불하지는 않았으나 자신의 재물을 베풀어 염불당을 건립하고 많은 사람에게 염불수행 하도록 권하였을 뿐이지만 그 인연으로 임종시 부처님을 친견하고 정토왕생을 하였다고 한다."

슬프다. 세상 사람들이 이 염불법을 듣고도 과연 정토가 있겠는가. 라고 의심하며 닦지 아니하니 여기 부처님이 계신다고 한들 어찌하겠는가. 그러므로 우리는 이제부터 염불수행에 장애를 받지 않기 위해 기본적으로 살생 도적질 사음질 거짓말 술 고기를 금해야 하며, 세속적 명예와 재물에 탐욕을 버리고 염불하기를 임송선 3년 내지 10년만 정진한다면 정토가지 못할까 염려할 것 없으리라.

경에 이르기를 "십념十念을 성취하면 누구나 정토에 왕생한다."라고 한 뜻도 이를 두고 한 말이다. 즉 십념은 일심으로 염불한다면 상·중·하근기 관계없이 누구나 정토왕생 한다는 뜻이니 우리는 스스로 정토왕생을 어렵다고 생각하여 물러서지 말아야 하느니라.

39 용수보살 염불법문

용수보살은 대품반야경을 해설하기 위해 대지도론을 지었는데 그 중에 염불에 관한 다음과 같은 법문이 있습니다.

염불念佛이라 할 때 염念이란 사람마다 현재에 나타나는 생각을 염念이라하고 불佛이란 사람마다 본래 갖추고 있는 근본성품이다. 그래서 염불이란 현재 나타난 생각으로 나의 참 성품을 깨우치는 것이 상근기가 닦는 참된 염불이니라.

이와 같이 부처와 내가 둘이 아님을 보고 둘 아닌 그 마음 바탕에서 닦아가는 것이 참된 염불이니라. 이처럼 염불하면 부처와 내가 서로 떠나지 않는 참된 염불이 되느니라.

어떤 사람이 이 세상의 보물을 모두 끌어다 부처님께 공양 올렸다고 해도 한 사람이 잠시 동안이라도 부처님 명호를 가지고 염불한 것보다 못하나니 왜냐하면 이 사람의 염불한 복이 앞에 사람의 공양공덕보다 수승하기 때문이니라.

(해설) 대지도론은 제2의 석가모니불의 화신이라는 용수보살이 대품반야경을 주석한 글로써 그 양이 백 권이나 되는 엄청난 논論인데 인도 염불종의 초조이신 용수보살께서 이 논에서도 염불정진을 하라고 권하셨습니다.

왜 용수보살은 대반야경을 해설하면서 염불을 말했을까요? 그것은 반야의 뜻을 실현하려면 염불선이 최적이기 때문입니다. 왜냐하면 공空을 공空이라 하면 비공非空이 되기 때문에 공을 실현하기 위해 중도불이中道不二를 설했고 중도적 수행을 하기 위해 즉심즉불의 염불을 가르친 것입니다.

40　세친보살 염불법문

　세친의 왕생정토론에 이르기를 부처님 명호에 마음을 집중하되 염불이 상속되어 안으로 생각이 일어나지 않고 밖으로 나타난 현상에 아무런 감정을 갖지 않을 때 바른 선정을 얻으리니 이것을 염불삼매라 하느니라.

경에 십념으로 정토왕생 한다는 뜻은 임종시 십념이 된다면 능히 모든 업력을 넘어서기 때문이며 십념은 곧 일념이라, 만 가지 공덕을 일으킨다. 그러므로 일념십념은 태양과 같아 천년의 어둠을 한 순간에 소멸하듯 십념으로 능히 모든 업장을 넘어 정토왕생을 하는 것이다.

41 육조대사 염불법문

선정쌍수집요禪定雙修集要에서 어떤 수행자가 육조대사에게 묻기를 "염불수행으로 어떤 이익이 있습니까?" 하고 물으니 육조대사께서 여기에 매우 중요한 말씀을 하셨습니다.

한 구절 '나무아미타불'을 염불하는 공덕은 영원히 번뇌망상에서 벗어나는 묘한 길이며, 부처가 되고 조사가 되는 가장 뛰어난 방편이며, 인간 천상에서 가장 지혜로운 안목이요. 마음을 밝히고 성품을 깨닫는 지혜의 등불이며, 지옥을 깨뜨리는 무기요. 삿된 외도를 물리치는 보검이며, 팔만대장경의 골수요. 온갖 다라니(總持)이며, 온갖 어둠을 제거하는 광명이요. 세상을 벗어나는 지름길이다. 때문에 염불문은 모든 중생이 받들어 가져야 하며 가장 존중하고 가장 높은 가르침이라. 염불의 공덕은 한량없고 무궁무진 하느니라.

그대들은 이 염불 한 구절을 항상 생각하며 염송하데 생각 생각이 끊어지지 않게 하고 마음에서 떠나지 않게 하여 일이 있을 때나 없을 때나 항상 지송하면 이것이 모든 수행의 근본인데 다시 남에게 무엇을 물어볼 것이 있으랴.

그러므로 알아라. 한 구절 '나무아미타불' 염불을 염송하되 다른 생각을 두지 않으면 손가락 튕길 사이에 정토에 왕생하리라.

(一句彌陀無別念 指不勞彈指西方)

42 천태지자 염불법문

 천태 지자대사는 법화경을 중심으로 천태삼관을 수립했으며 수행체계를 천태지관으로 했습니다. 지관에서 실천수행이라는 부분은 항상 염불수행을 권장하였습니다.
대사께서는 정토십의론 등 정토염불에 관한 법문을 통해 염불수행에서 일어날 수 있는 의심을 자세하게 해답하셨습니다. 다음은 대사의 염불법문을 요약하였습니다.

중생이 만일 애착을 끊으면 사바에 태어나지 않으며 염불이 지속되지 않으면 정토에 가지 못한다. 그러나 선근이 있는 자는 의심하지 않기에 쉽게 정토왕생하고 염불선정을 닦은 자는 마음이 어지럽지 않기에 정토 왕생이 쉽다.

계율을 잘 지키는 사람은 정토법문에 쉽게 어울려 정토에 가고 보시를 즐거워하는 사람은 아상이 없어서 정토에 쉽게 간다. 온갖 죄를 지은 사람은 악도를 두려워하여 일심불난 염불하기에 정토를 가는데 평상시 선한 마음으로 살면서 염불한 사람이 정토왕생 못할까 걱정할 것 있으랴.

본래 정토란 번뇌가 끊어진 성인들이 가는 곳이나 부처님의 자비심에 의해 번뇌에 시달리는 중생이라도 일심으로 염불하면 부처님의 법력으로 정토왕생을 하게 된다. 이는 마치 자력으로는 넓은 바다를 건너갈 수 없지만 배를 이용하면 능히 건너갈 수 있는 것과 같다.

43 혜원대사 염불법문

　요사이 선원의 선객들은 염불수행하는 사람을 보면 상相에 집착한 수행이라고 평가 절하하지만 그것은 염불과 참선을 가지고 우열을 논하는 자체가 수행이 무엇인지 모르는 아상我相일 뿐이니라.

대개 사람들은 참선을 바르게 하지 못하면서 스스로 잘난 척하며 염불·독경·참회를 무시하는데 이것은 중생들에게 큰 해악이 되는 일이며 중생들의 선근공덕을 손상하는 일이다. 왜냐하면 근기가 따라주지 않는 참선수행에서 증과를 기대할 수 없기 때문에 옛 선사들이 이생에서 생사를 해결하겠다는 큰 발심을 하지 못한 일반 근기들은 염불수행이 모든 근기에 부합되는 수행이라고 했느니라.

선禪이 비록 수승하나 수행자의 근기가 따라주지 못하면 도리어 장애를 극복할 수 없다. 때문에 말세에는 염불정토수행을 통해서 마침내 해딜에 이르게 하는 방법이 가장 안전하고 빠른 수행이니라.

44 원효대사 염불법문

원효대사가 저술한 무량수경종요宗要에 이르기를

만약 부처님을 관觀할 줄 모르면 마땅히 나무아미타불 명호를 지극한 마음으로 칭념하되(念誦稱念) 십념(十念;열번 아미타불)을 구족하면 부처님 명호를 염송하는 중에 80억겁동안 나고 죽으며 지은 죄가 소멸되고 목숨이 마치면 바로 정토에 왕생하게 되느니라.

여기에서 십념十念이란 무엇인가.
이는 마치 어떤 사람이 악인에게 쫓겨 달아날 때 오직 살려고 하는 한 생각만 가지고 전심전력을 다해 달아나되 안전한 곳까지 다른 생각 없이 쉬지 않고 달리듯 염불할 때 일심으로 염불하는 것이며 망상 없이 지극한 마음으로 염불하는 것을 십념+念이라 한다.

불자가 만일 무량수경 이름만 들어도 부처님 경계 안으로 들어가는 것이며, 입으로 부처님 명호를 부르면 곧 삼계를 벗어나 다시 되돌아가지 않게 되는데 하물며 인신으로 받원하고 염불한다면 정토에 있는 팔공덕수 연못에 연꽃이 피어나고 그 꽃 위에 화생하게 되느니라.

중생이 만일 팔공덕수 연못에 목욕하면 곧 나고 죽음에 물든 인연은 사라지고 부처님의 광명을 볼 것이며 바로 무상無相에 들어가 무생無生을 깨닫게 되느니라.

이 때 한 걸음도 옮기지 않고 시방세계에 두루 노닐며 한 생각도 일으키지 않고 영원한 행복을 이루게 되니 그 즐거움을 어찌 말로 다할 수 있겠는가. 그래서 극락정토라는 이름이 결코 허망하지 않느니라.

45 영명대사의 염불법문

 염불행자가 부처님 법에 의지한 다음 일심으로 염불하되 앉고 누울 때 항상 '나무아미타불' 염불일념에서 벗어나지 않도록 해야 하며 항상 정성스런 마음으로 간절하게 염불해야 한다.

마치 원수에게 쫓길 때 오직 벗어날 생각만 할 뿐 다른 생각 없듯이 목이 마른 사람이 오직 물 생각만 하듯이 일심으로 염불하면 몸과 마음이 빨리 정화되어 큰 공덕을 이루게 된다.

만일 염불심을 가지고 있으나 세상일에 관심이 많아 염불수행이 일정하게 지어가지 못하고 염불에 대한 이론과 실천이 일치하지 못하면 염불의 공을 이루기 어렵다.

그러나 믿음과 서원이 깊고 한결같은 마음으로 염불한다면 업장의 막힘이 사라져 자연히 옳은 스승을 만나 더욱 바르게 수행을 잘하게 될 것이다.

이와 같이 수행이 지속될 때 염불의 정인正因이 되어 임종시 어떤 장애도 받지 않고 정토에 왕생하게 되니 이것을 염불의 정과正果라 한다. 이는 마치 소리가 크면 메아리도 크듯 공功이 크면 결과結果 또한 큰 것이다.

46 보조국사 염불법문

보조국사께서 열가지 염불법을 밝혔는데 그 중에 중요한 몇 가지를 추려보았습니다.

1. 몸과 마음을 깨끗이 히고 일심으로 염불하되 자신을 잊고 오직 염불일념이 되도록 해야 한다.

2. 염불할 때 일상생활 속에서도 언제나 염불이 되어야 하며 자나 깨나 항상 염불하다보면 생각하지 않아도 저절로 염불을 한다.

3. 무심염불이니 염불을 오래하면 저절로 무아무심 상태에서 염불하게 되는 것이다.

염불하는 사람은 항상 기본적으로 계법을 지녀야 하며 십악을 끊지 않고 어떻게 정토라는 높은 정신세계에 순응할 수 있겠는가. 그리고 몸과 마음이 청정하지 않고 어떻게 염불과 하나 될 수 있으랴.

요즈음 사람들은 오계와 십선계를 가지지도 않으면서 염불하니 오염된 그릇에 감로를 담아도 먹을 수 없는 것과 같다. 때문에 항상 삿된 것을 멀리하고 오래도록 염불하다보면 저절로 진리에 부합되어 아미타불의 참모습이 가만히 그대 앞에 나타나 정수리를 만지면서 수기를 줄 것이다.

그리하여 임종시에 극락세계 구품연꽃이 그대 앞에 나타나리니 깊이 진중해야 하느니라.

47 태고선사 염불법문

마음이 청정하면 모든 국토가 청정하다. 그러므로 아미타불의 청정 미묘한 법신이 일체중생의 마음자리에 본래 갖추어 있기 때문에 마음과 부처와 중생이 차별이 없느니리.

따라서 마음이 곧 부처요 부처가 곧 마음이라. 마음 밖에 부처가 없고 부처 밖에 따로 마음이 없다. 이와 같은 근본 바탕에서 염불할 때 참된 염불이므로 마음을 모아 일심으로 밤낮을 가리지 말고 염불하되 아미타불 명호를 마음속에 붙여 두고 잊지 말지어다.

48 서산대사 염불법문

 마음이 정토라는 말은 본심의 도리를 가르친 말이다. 이치는 그러하나 현상을 살아가는 중생에게는 아미타불의 48대원이 분명하고 사리적으로는 극락세계가 분명하게 존재한다.

그러므로 누구나 일심으로 염불하면 결정적으로 그 원의 힘에 의해 정토에 태어나 윤회를 벗어난다는 것은 삼세 부처님이 가르쳤고 모든 보살이 정토왕생을 발원했던 것이 증명한다.

그러므로 옛 사람이 말하기를 염불한소리에 마구니의 간담이 떨어지고 저승 문서에 그 사람 이름이 지워지며 팔공덕 연못에 연꽃이 나타난다고 했다.

'나무아미타불' 이 여섯 자는 생사윤회를 벗어나는 지름길이고 고통 많은 세상에 떨어지지 않는 가장 소중한 법문이다. 그러므로 마음으로는 항상 아미타불을 생각하고 입으로는 아미타불 명호를 부르되 산란하지 말아야 한다. 이와 같이 마음과 입과 몸이 일치하는 것을 참된 염불이라 하느니라.

자신을 돌아보는 법

임종시 악업에 끌리지 않겠는가.
네 가지 은혜가 무거운 줄 아는가.
부처님 법 만남을 다행으로 아는가.
항상 쓸데없는 일에 끌리지 않았는가.
분주하게 시비분별망상하지 않는가.
남과 말할 때 속으로 염불이 되는가.
이생에서 염불삼매를 이룰 것인가.

선정에서 큰 지혜가 나온다.
망념 없을 때 해탈이라 한다.
아무리 악인을 만나도 화내지 마라.
분노를 한번 내면 백만 장애 생긴다.
참마음 지키는 일이 가장 소중하다.
중생을 내 몸처럼 볼 때 참 보시다.
예배란 내마음의 무명을 굴복하고
참마음을 받드는 것이다.
염불은 알아차림이 중요하다.

모든 일은 스스로 짓고 받는다.
세상과 남을 탓하지 마라.
무상의 불꽃은 세상을 태운다.
번뇌라는 도적은 너를 죽이려한다.
눈앞의 쾌락이 후생엔 괴로움이다.
수도인은 검소하고 맑아야 한다.
한 벌 옷과 일종식으로 만족하라.
미혹한 마음은 세상은혜 갚지 못한다.
불필요한 시주빚을 지지 않도록 하라.

49 비석화상의 염불법문

 큰 바다에 목욕한다면 이미 백 천 곳 강물을 다 사용하는 것이고 '아미타불' 명자를 염송한다면 모든 삼매를 닦는 것이다.

마치 수청주水淸珠를 흐린 물에 넣으면 물이 맑아지듯 염불심을 산란한 마음속에 던지면 산란한 마음이 모두 부처마음 아님이 없다.

이미 부처마음에 계합했다면 그 때 마음과 부처라는 상도 함께 잊은 고요함이 선정이고, 염불심만 또렷하게 알아차릴 때 지혜라 한다. 이렇게 선정과 지혜가 함께 나아갈 때 어떤 마음과 경계도 부처 아님이 없다.

염불수행자가 이 뜻을 모르고 정진하는 가운데 나타나는 현상에 견애의 정見愛之情을 가지면 바로 그 경계에 떨어져 마장 장애를 면하기 어렵게 되니 반드시 경계해야 하느니라.

50 우익대사 염불법문

염불수행에 바른 견해를 지어야 하나니 첫째, 나는 이루지 못한 부처(本覺)이요 아미타불은 이미 이룬 부처(始覺)이지만 그 근본은 둘이 아님을 바로 아는 것이고

둘째는 사바세계와 극락세계가 근본은 같으나 사바세계는 번뇌가 많은 중생들의 업력 기운 때문에 괴로움이 많고, 정토는 부처님의 원력과 성인들의 거처라 절대적 즐거움이 충만됨을 바르게 아는 것이다.

셋째는 우리가 비록 많은 공덕을 짓고 수행을 열심히 했더라도 정토로 회향하고 발원하지 않으면 정토왕생하기 어렵지만 염불수행이 깊지 못

하고 수행을 통해 높은 안목을 갖추지 못했다고 해도 정토에 대한 굳은 믿음과 신심으로 염불수행을 지속한다면 임종시 나쁜 길로 빠지지 않고 불보살의 인도를 받아 정토왕생하게 된다.

넷째, 이 염불문은 부처님법의 모든 문을 포함하고 있어 염불에 삼학(계정혜)이 있다. 이는 마치 순풍에 돛을 달고 노를 저어 가는 것과 같으니 저 언덕에 더욱 빨리 갈 것이다.

다섯째, 삼계三界라는 이 세계는 불타는 집과 같아 빨리 벗어나야 하는데 염불정토문은 가장 쉽고 가장 빠른 길이기 때문에 옛 사람이 말하기를 염불수행은 속히 삼계를 벗어난다고 했다速超三界.

이처럼 염불수행은 닦기는 쉬운데 공덕은 한량없나니 경에 이르기를 말세에는 억만사람이 수행하여도 도를 성취하기는 어려우나 오직 염불수행만이 빨리 삼계해탈을 할 수 있다고 하였다. 이는 마치 넓은 바다라도 배를 타고 간다면 쉽게 건너갈 수 있는 것과 같다.

그러므로 지혜롭고 선근이 많은 사람은 정토염불법문을 들으면 곧바로 신심을 내어 흔들리지 아니하고 수행하지만 선근이 약한 사람은 정토에 진실한 믿음을 내지 못하고 삿된 견해를 일으키는 것이다. 이렇게 정토에 대한 믿음을 갖지 못한 사람은 부처님의 48대원력이라는 거룩한 배에 올라타지 못하고 스스로 거부하는 것이니 이는 부처님이라도 어찌할 수 없을 것이다.

육도윤회에서 벗어나는 지름길은 오직 염불수행뿐이며 나머지는 자력수행이므로 공을 이루기 어렵다. 정토에 왕생하는 요점은 정토에 대한 믿음이 진실해야 하고, 간절하게 정토왕생을 발원해야 하며 그리고 일심으로 염불수행 해야 한다.

비록 세상살이가 산란하여 염불에 집중이 잘되지 않고 망상이 치성하더라도 신심으로 염불수행을 지속한다면 이 공덕으로 반드시 삼계윤회에서 벗어나 정토왕생을 하게 되느니라.

51 덕청대사 염불법문

참선은 처음부터 사량분별과 망상을 떠나지 않고는 선의 경지에 들어갈 수 없기에 많은 사람들이 수행하나 공을 이룬 자는 극히 드물다. 그러나 염불수행은 현재 생각 바탕 위에 염불 일념을 두는 것이니 어떤 업장과 망념이 분분하더라도 닦은 만큼 선근이 되고 공덕이 된다.

중생은 오래도록 망상경계에 있었기 때문에 처음부터 망상을 여의기는 어려우나 망상을 가지고 염불로 바꾸는 일은 누구나 쉽게 할 수 있다. 그래서 참선은 깨닫기 어렵고 염불은 공을 이루기 쉬운 것이다.
염불수행으로 극락정토에 왕생하고자 함은 생사윤회를 벗어나기 위한 일이다. 그러나 생사윤회의 요인은 애욕이라 이 애욕을 가지고는 정토에 갈 수 없고 정토에 가지 못하면 윤회를 끊기 어렵다.

만일 애욕을 끊지 못하면 마음속에 애욕이 잠복되어 있다가 욕망의 경계가 나타나면 바로 애욕에 빠져 정신을 놓고 염불하는 마음을 잊어버리는데 이런 자세로써 임종시에 어찌 바른 염불을 할 수 있겠는가.

그러므로 평소 염불할 때 스스로 돌이켜보라 지금 이 정도 염불로써 모든 욕망과 애정과 역경을 이겨내고 정토에 갈 수 있는지를 항상 살펴보아야 한다.

진실로 우리가 정토에 가고자 한다면 일상생활 속에서 염불이 자연스럽게 이어져야하며 절실한 마음으로 정토를 가기위해 염불해야 한다. 만일 눈앞에 애욕의 경계가 나타나도 흔들리지 않고 염불이 이어진다면 임종시에도 염불이 지속되어 모든 마장이 나의 정토왕생을 방해하지 못할 것이다.

그러므로 염불하는 사람들은 제일 먼저 생각하기를 지금 염불하는 것은 생사윤회를 끊기 위해 정토왕생의 길을 가는 것이라 생각해야 한다. 그러므로 염불하는 이 순간순간이 바로 생사윤회를 벗어나는 좋은 기회라고 여기고 간절한 마음으로 염불해야 하느니라.

52 철오선사 염불법문

 한 구절 '나무아미타불' 명호에는 깨달음과 닦음이 포함되어 있고 대승과 소승을 비롯한 팔만사천 법문의 핵심 요체가 들어있다. 그러므로 '나무아미타불' 이 한 구절 염불을 지송하면 부처님의 근본을 총섭總攝하는 심지법문心地法門이라고 하느니라.

경에 이르기를 "이 마음이 곧 부처다."라고 한 것은 참으로 근본을 바로 보여준 통쾌한 말이다. 왜냐하면 중생이 마음의 미혹을 제거하고 신령한 광명에 계합 할 때 비로소 견성이라 할 수 있기 때문이다.
중생이 참선을 하기는 매우 어려우나 "이 마음이 곧 부처다."라는 가르침을 믿기는 매우 쉽기 때문에 모든 성인이 염불수행을 권장하는 것이다.

큰마음(대승심)을 가지고 염불하면 모든 부처님이 감동하므로 가피를 얻을 수 있으며, 안으로는 자신의 성품을 깨닫고 밖으로는 널리 중생을 이롭게 할 수 있느니라.

이렇게 큰마음을 내어 염불수행을 한다면(然大心旣發) 어떤 수행방법보다도 속히 윤회를 벗어나 도를 이루기 때문에 '나무아미타불' 명호를 지송하는 칭명염불보다 더 좋은 방법은 없느니라.

정토에 왕생하기를 발원하는 사람은 스스로 생각하기를 나는 지금 오염과 고통으로 점철되어 있으므로 여기에서 벗어나고자하는 절박한 마음으로 정토왕생하기를 발원하고 염불해야 하느니라.

마치 목마른 자가 물을 생각하듯 갓난아기가 어머니 젖을 생각하듯 물에 빠진 자가 구해주기를 바라듯이 정토를 발원하고 일심불란一心不亂 염불한다면 마침내 염불삼매를 증득하게 되며, 임종시에는 부처님의 접인을 받아 어떤 장애도 받지 않고 바로 정토에 왕생하게 된다.

염불할 때 다른 잡념을 일으키지 않는다면 이것이 바로 그침止이라고 하며 염불할 때 염불하는 순간을 또렷하게 알아차리는 상태를 관觀이라고 한다. 이처럼 염불하는 한 생각 속에 지관止觀이 동시에 이뤄져야 하느니라.

왜냐하면 선정은 지止의 열매이며 관觀은 지혜의 씨앗이며 지혜는 관觀의

열매이다. 이렇게 망념이 없는 상태에서 염불하는 마음만이 또렷하고 분명할 때 적이상조寂而常照 즉 항상 고요하되 밝게 비춘다는 것이다.

이것이 정혜쌍수定慧雙修라 선정과 지혜를 함께 닦는다고 하고 이것을 동시에 막으면서 비춘다는 쌍차쌍조雙遮雙照라는 것이다. 즉 염불을 통해 선정과 지혜를 함께 닦는다는 것이다.

53 성암대사 염불법문

 마음이 곧 정토라는 말은 나무를 가리켜 집이라 하는 것과 같다. 나무를 가지고 집을 지을 수 있지만 나무 그대로가 집이 아닌 것처럼 정토란 중생이 부처로 나아가는 과정에 존재하기에 성인과 범부가 함께 머문다고 하는 것이다.

마음이 곧 부처라는 말은 얼음을 가리켜 물이라 하는 말과 같다. 비록 얼음이 물이기는 하나 결빙된 상태에서 마실 수도 없고 먹을 수도 없듯이 미혹한 상태에서는 본래 부처라도 부처 노릇을 하지 못하는 것과 같다.

수행이란 얼음을 녹여 물을 만들듯이 미혹한 마음을 닦아 순수한 불심이 되도록 염불해야 한다. 수행자가 비록 본래 생사 없는 이치를 보았다고 해도 보림을 바르게 하지 못하면 바로 현실에 미혹하여 번뇌를 일으켜 생사에 윤회하게 된다.

때문에 수행자가 공부의 견처見處를 이루었다고 해도 다시 고도의 선정을 지속적으로 닦지 않으면 황금에 때가 묻어 알아볼 수 없는 것과 같고 깨끗한 그릇에 오염된 감로수를 먹을 수 없는 것과 같다.

54 인광대사 염불법문

 정토수행문은 모든 근기에 부합하지만 다른 수행문은 대개 자력 수행문이라 일반인들이 닦아서 생사해탈하기가 어려운 것이다. 염불은 업장이 다하지 못해도 진실한 믿음과 원력을 가지고 부처님 명호를 염송하면 부처님의 감응이 있어 쉽게 정토에 왕생한다. 만일 한번 정토에 왕생하면 더 이상 윤회를 걱정할 이유가 없다.

옛 사람들이 유심정토자성미타唯心淨土自性彌陀라고 하신 뜻은 서방정토가 오직 마음을 벗어나지 않았고 아미타불이 자성을 떠나지 않았다는 뜻이다. 그러나 참선하는 사람들은 그

언구에 집착하여 정토는 따로 구할 가치가 없다고 말하는 것은 취할 수 없는 것은 취하고 버릴 것 없는 것은 버리는 것이다.

그들은 마음이 곧 경계이므로 마음 밖에 경계가 없고 경계가 곧 마음이므로 경계 밖에 따로 마음이 없다는 사실을 이해하지 못하고 있다. 이미 경계가 전부 마음이라면 구태여 마음에 집착하여 경계를 꾸짖고 마음을 말할 필요가 있겠는가.

염불과 마음이 서로 다르지 않지만 만약 마음만 믿고 염불하지 않는다면 마음과 부처가 둘이 되고 말 것이다. 그러므로 마음이 부처에게 끌려 다닌다면 중생은 곧 부처가운데 중생이라 부처라는 상에 떨어진 것이고 만일 마음이 중생에게 끌려 다니면 부처는 곧 중생마음 가운데 부처라 이는 중생에게 끌려 다니는 중생이라는 상에 떨어졌기 때문에 이 둘 다 바른 공부가 아니다.

이렇게 볼 때 유심정토 자성미타라는 말이 정토란 결코 이치에서만 있고 사리에는 없다는 뜻이 아니다 그러므로 저 부처를 구하는 것이 곧 자신의 마음을 구하는 것이고, 자신의 마음을 구하려면 반드시 저 부처를 구해야 한다는 점을 반드시 알아야 한다.

55 관정법사 염불법문

　중국 관정법사는 서기 1967년 10월 25일경 좌선 중 홀연히 관세음보살 인도로 극락세계에 가서 극락정토를 두루 돌아보고 아미타부처님으로부터 염불수행법을 듣고 1971년 4월 8일에 본래 정진하던 처소로 돌아왔는데 그 기간은 6년 5개월간 천상세계와 극락세계를 두루 살펴보고 돌아왔습니다. 관정스님은 정토에 갔다 온 후 싱가폴 강당에서 이렇게 법문 했습니다.

내(관정스님)가 서방정토 극락세계에서 아미타부처님을 친견했을 때 부처님께서 저에게 정토선 법문을 전수한 다음 이렇게 말씀하셨습니다.

정토염불법문은 과거세부터 전해오는 팔만사천법문의 총결정체이며 마음을 다스리는 특별한 법이다. 말세에 도를 닦고 부처가 되는데 오로지 이 법문만이 근원으로 들어갈 수 있으며 내용은 깊으나 쉽게 들어갈 수 있느니라.

염불수행방법으로는 "나무아미타불"이 여섯 글자를 염송하는 것이며 2회염불 수지방법이 있으니 먼저 두 반으로 나누어 갑이 먼저 나무아미타불을 두 번 부르면 을이 듣고, 이어 을이 두 번 나무아미타불 부르면 갑이 듣는 방식이니라.

이와 같은 염불방식은 참으로 오묘하여 망상이 일어날 틈이 없으며 힘들이지 않고 쉽게 염불삼매에 들어가는 방법이니라.

56 왕용서의 염불법문

참선을 통해 생사윤회를 벗어나는 일은 극히 어려우나 염불을 통해 정토왕생은 누구나 신심과 발원과 염불 수행만으로 정토왕생이 이루어진다. 만일 정토에 왕생한다면 윤회를 저절로 벗어나게 되니 삼계윤회를 벗어나는 일은 염불보다 좋은 수행법이 없다고 말할 수 있다.

그러므로 나는 모든 사람에게 염불 수행을 권하노니 설사 깨달음을 얻었다고 해도 정토에 가서 아미타부처님의 설법을 들으면 바로 무생법인을 증득하게 된다고 성인들이 말했다. 대체로 모든 중생들은 다음 생에 어디에 태어나 어떤 업보에 휘말

리게 될지 알 수 없는데 안전하고 복된 정토를 거부하고 사바세계를 원하는 것은 참으로 이해하기 어렵다.

옛날 소동파도 전생에 불인선사를 만나지 못했으면 업보에 의해 악도에 떨어질 수 있었으나, 선사의 지도를 받아 깨달음을 얻었다. 이 때문에 누구든 정토에 가지 못하면 육도윤회를 면할 수 없으니 참으로 무서운 일이 아닐 수 없다.

그러므로 우리는 서로 정토 염불 수행으로 교화하고 권면해야 하며 공덕을 지어야 한다. 왜냐하면 이생에서 쌓은 공덕은 다음 생엔 큰 자량이 되어 성불할 수 있는 자량이 되기에 한 사람의 염불보다 열 사람의 염불이 더욱 효과적이다.

57 광흠화상 염불법문

 수행하는 사람은 현재 이 순간을 바르게 대해야 한다. 그것은 처음 한 생각이 '나무아미타불' 염불로 시작하여 다른 생각이 끼어들 틈을 주지 않는 것이다. 이렇게 염불하는 마음이 아뢰야식이라는 마음밭에 심어 염불심으로 충만할 때 새소리 물소리 사람소리 잡소리 모두가 염불삼매로 바뀐다.

염불은 움직이고 생활하는 속에서도 분명하게 염불해야 한다. 즉 세상을 살아가면서 본인이 해야 할 일을 하면서 염불과 조화롭게 지어가야 하며 그 속에서 몸과 마음이 고요할 수 있어야 한다. 한 구절 부처님 명호를 명료하게 들으면 그대로 청정하여 자성이 염하고 자성이 듣는다.

이렇게 오래하면 저절로 염불이 일심불란한 경지에 이르게 된다. 만일 염불삼매에 들어간다면 어떤 경계에도 마음을 내지 말고 고요함을 지키면 그 공적한 가운데 자성광명이 나타난다.

염불에서 마음이 맑아지면 염불할 때 기이한 향과 광명의 상서로움이 나타날 것이다. 이것은 지극한 마음의 경지에 이르면 곧 부처님과 상응하게 되느니라.

58 청화선사 염불법문

염불에는 방편염불과 참다운 염불이 있습니다. 부처님 명호를 염송하더라도 명호와 명호의 주인인 부처님과 내가 둘이 아님을 아는 것이 바른 염불이며, 염불하는 이 마음 밖에 따로 부처를 구하는 것은 방편염불이 됩니다.

천지우주와 만물만법이 부처 아님이 없고 이와 같은 만물 만법이 내 마음과 다름없으므로 내 마음과 부처와 중생과 만법이 둘이 아니므로 염불하는 순간 바로 부처의 마음과 하나 되는 것입니다.

이와 같은 뜻을 지닌 아미타불 명호 속에는 불가사의한 뜻이 있으므로 언어로 된 명자 가운데 가장 본성의 뜻을 잘 표현한 것입니다. 이러한 명호를 수지하고 염불한다면 부사의 한 공덕을 입게 된다는 것은 자명한 일입니다.

그렇기에 부처님 명호를 한 번 외우면 외운 만큼 우리의 몸과 마음은 정화되고 우리 주변에 있는 선신과 신장과 영가들도 맑아지므로 해탈을 얻게 되며 산에 있는 축생과 미물 곤충과 만물도 정화되고 축복을 받게 됩니다.

그러므로 염불은 우리에게 매우 특별하게 주어진 기회이며 백천만겁에 만나기 어려운 법을 만났으니 이 귀중한 기회를 놓치지 말고 염불정진하기를 간곡한 마음으로 당부합니다.

59 월인선사 염불법문

산승은 오래전에 월인노스님을 모시고 여러 철을 정진 했는데 선사께서는 전통적인 화두선을 하는 선사로써 30대에 출가하여 용맹정진 끝에 화두타파하고 선원과 토굴에서 수좌들을 지도하시다가 세납70이 넘어 정토삼부경을 보고 참선을 버리고 정토염불에 전념하였습니다. 언제인가 산승에게 자신이 젊은 시절 공부이야기를 해주셨는데 들었던 대로 내용을 옮겨 봅니다.

나(월인선사)는 30대에 출가하여 곧장 선원으로 들어가 간화선을 참구했는데 맹렬하게 정진했으나 번뇌망상이 치성하여 정진을 이어나갈 수 없게 되자 마침내 큰 결심을 하고 조용한 절에 들어가 백일 간 밤낮으로 십악업을 참회하는 기도를 지극정성으로 올렸다.

50일 쯤 참회를 하니 십악 가운데 9개 업장은 씻은 듯이 맑아졌으나 음욕업은 도무지 마음에서 지워지지 않았다. 더욱 분발하여 종일토록 절하고 기도하기를 백일이 다 되어갈 무렵 음욕업이 소멸되면서 절하는 좌복이 다 젖을 정도로 눈물이 하염없이 흘러내렸다.

그 뒤부터 선원과 토굴에서 화두의 진의가 일어나 정진이 한결같이 이어지더니 30대 중후반에 드디어 초견성을 이루고 여러 선방에 다니면서 사견을 가진 자에게 날카로운 기봉機鋒을 사용했었지. 그 뒤에는 청빈한 생활과 신도의 빚을 지지 않기 위해 토굴에 있을 때는 벌을 키워 거기서 나온 꿀로써 식량을 바꾸어 생활했다.

그러던 어느 가을날 깊은 밤 덕유산 토굴에 꿀 도둑이 들어 무자비하게 여러 벌통을 파헤쳐 벌들의 겨울 양식마저 남기지 않고 모두 가져갔다. 다음날 아침에 문을 여니 수많은 벌떼가 방으로 들어와 나의 정진 좌복 위에 한 무더기가 된 상태로 죽어버렸다.

나는 그 때 너무 충격 받고 벌들을 쓸어 모아 산에 묻어주고 그만 토굴을 나와 바로 김천 수도암으로 옮겼는데 그 때(1969년) 내가 너(행자시절)를 처음 본 것이다.

그 후 내가 태백산 신흥사 토굴에서 우연히 정토삼부경을 보니 염불문에서 생사윤회를 쉽게 벗어날 수 있는 길을 보고 그 때부터 염불하게 되었다.

그리고 얼마 후 송광사 불일회보에 '나는 왜 참선을 버리고 염불하게 되었는가'라는 주제로 인터뷰했는데 그 기사가 불일회보 한 면에 모두 실렸다며 산승에게 보여주셨습니다.

월인노스님의 염불수행관

"화두를 타파해도 구경각이 아니었다. 그렇다면 생사윤회를 어떻게 면할 수 있겠는가?
여기에 대한 답은 오직 극락정토에 있다는 것이다. 때문에 나는 이제 정토로 회향하고자 하루 종일 오직 염불할 뿐 다른 건 관심 없다네.
내가 정토에 호강하려고 가는 것이 아닐세. 다만 어지러운 이 사바세계에서는 결코 윤회를 벗어날 수 없기 때문에 정토에 가서 모든 미혹을 떨쳐낸 다음 다시 인간계에 내려와 참다운 보살도를 실현하기 위함이라네. 그래서 나는 항상 염불로써 죽은 다음 정토가기 위한 노자(힘) 마련을 위해 매일 백팔참회와 염불수행에 전념하느라 다른 일에는 관심이 없다네."

사실 그때 월인노스님께서 평생을 수좌정신으로 일관하셨던 숨은 도인이 갑자기 염불수행으로 전향하셨다는 파격적인 소식에, 당시 화두선 외에는 어떤 수행체계도 인정하지 않던 수좌계에서는 큰 충격을 받았습니다. 그 일 이후 오랜 시간이 지나 노스님께서 수도암에 오셨다가 선원수좌들의 집단항의를 받고 매우 난감하시던 모습이 눈에 선합니다.

이에 당시 선원의 주지였던 산승은 어떤 형태로든 이 사태를 수습해야

했기 때문에, 나는 수좌들을 향해 다음과 같이 그들이 주장하는 내용을 가지고 꾸짖었습니다.

"화두를 타파하신 노스님이 염불하신다고 선禪이 무너진다면 그것은 선禪의 문제이지 노스님의 문제가 될 수 없습니다. 만일 그렇지 않다면 수좌들은 지금 집단이기주의에 빠졌다는 것이 됩니다.

노스님은 평생을 무소유적 청빈한 삶과 수행을 하시면서 어떠한 사적 이익을 위해 비승가적인 행동을 하신 적이 없었는데, 지금 수좌들이 노스님의 염불 선언으로 인해 수좌들의 수행의지가 꺾였다며 그것을 회복하기 위해서는 불일회보에 다시 정정기사를 기재해야 한다고 주장하고 있는데 수좌들은 무슨 자격으로 80이 넘은 노스님을 향해 정정기사를 쓰라하는가요. 그리고 그 불일회보 기사에 무엇이 잘못되었다는 것인가요. 이미 노스님은 선과 염불이 둘이 아닌 경지인데 일찍이 서산대사도 선과 염불은 둘이 아니라고 했습니다. 도대체 어떤 부분을 정정하라는 것입니까. 산승도 염불하는데 징징기사를 내야 합니까.

내가 보건데 오히려 그동안 청빈하게 살지 못한 수좌들이 노스님께 참회를 해야 하는 것 아닙니까."라고 주장하여 마침내 선원대중 일부가 노스님께 참회를 했으며, 그 일이 있은 뒤 노스님은 다시 월명암으로 가셨다가 몇 년 후에 열반하셨습니다.

60 극락정토 권왕가(勸往歌)
(극락정토 권하는 노래)

세상은 불타는 집과 같고
모든 생명이란 괴로울 뿐
천상이 좋다하나 복력이 다하면
윤회계를 면하지 못하나니
천상인간의 제일 복도 그러한데
이 밖에 무얼 다시 말 할 건가.

어찌해야 윤회고를 벗어날까.
극락정토라는 곳은
아미타불 원력정토
모든 장엄과 현상들이
염불수행 도와주니
단박에 윤회계를 벗어난다.

염불하는 중생에게
화신 부처 맞아주고

여덟가지 공덕 연못 속에
청황적백 연꽃 속에 화생하니
이 보다 좋은 일 있겠는가.
극락중생들이 모였을 때
각자 본인 수행시절 말을 하니
듣는 중생 모두 발심하였네.

무슨 인연 극락정토 생겼는가.
오랜 옛적 세자재왕여래 시절
왕위를 버리고 출가 수행하니
그 이름이 법장비구였다.
법장은 세자재왕여래 앞에서
사십 여덟 대원을 세우시니
법계가 진동하고 꽃비내리며
시방에 부처님이 칭찬하였다.

삼계에 갇힌 중생들아
오욕락에 집착하지 말고
부처님 말씀 깊이 새겨들어
과거사도 생각하지 말고
미래사도 기대하지 말라.

세상에 나타난 건 허상이니
하루 종일 어린아이처럼
오로지 어머니 생각하듯
좋고 나쁜 상황 상관없이
어느 때 어느 처소에서도
일심으로 염불하되
게으르지 아니하면
많고 많은 생각 사라지고
몽중일여 염불삼매 성취한다.

모든 법에 염불이 제일이니
누구나 일념으로 염불하면
생각 전과 생각 후가 끊어지고
인아상이 끊어질 때
마음속에 정토가 나타나고
거룩한 아미타불 친견하니
내 마음이 아미타요
정토가 내 마음이라.

시방세계 끝없으나
마음 또한 법계에 두루하고

한 방안에 일천 등불 켜니
각각 광명은 두루 하지만
서로 걸리지 않음 같다.

자성미타 현전하면
사바와 극락이 둘 아니요
가는 곳마다 극락이 되니
생각생각 아미타불 나툼이라.
이와 같이 수행한다면
극락정토 구품 가운데
최상품에 왕생하리.

정토왕생 하는 법에
복잡할 것 하나 없고
오직 일심전념 아미타불
백천강물 바다로 들어가듯
내가 닦은 모든 선근 공덕
구품연화 극락정토 귀결하네.

중생접인 하는 아미타불
오고 감 없는 속에

나의 영식 저절로 왕생한다.
푸르고 높은 저 하늘 위에
둥근 달이 일천 강에 나타나지만
달은 본래 오고 감이 없듯이
내 마음이 혼탁하면
부처님을 볼 수 없고
마음이 맑으면 자성광명 드러난다.

정토수행 할 적에
부디 의심 하지 마소
의심은 정토왕생 장애되니
결정된 믿음 속에 염불하되
산란심이 일어나도 아미타불
고요한 마음에도 아미타불
아미타불 한 생각을
단단하고 적적하게 묶어두고
정토왕생 현전일세.

천리 길도 첫 걸음 중요하듯
극락이 멀다하나
나의 일념 진실하다면

순식간에 아미타불 친견하리.
한 세상 인생살이 길다하나
백년 세월 꿈처럼 지나가고
달팽이 뿔 볼만하나
어디에도 쓸데없듯이
부귀영화 달팽이 뿔 다름없네.
구슬 같은 새벽이슬
해가 뜨면 사라지듯
인간 백년 세월 이와 다름없다.

생노병사 우비고뇌
사방에서 다가오니
그 속에 있지 말고
안락한 정토문에 어서가세
고통 속에 있는 중생
생사바다 건너가는 길에
나무아미타불 제일 되네.

예전에 홍도비구
분노심에 큰 뱀이 되었도다.
비록 악업을 지었다 해도

임종시에 염불일념 공덕으로
천년 암실 한등불로 밝히듯
아미타불 한 소리에
천마외도 두려워 도망가고
팔십억겁 생사중죄 소멸했다.

정토법문 깊이 믿고 발원하면
극락연지에 연꽃하나 생겨나고
방일심이 나와 염불하지 아니하면
연꽃잎은 점점 말라간다.
염불을 아니하고 방일하게 지낸다면
무한한 생사고통을 어이할까
불쌍하고 가련하다.

처자애착 탐진 사견 가진다면
망망한 생사광야 험한 길에
나의 혼백 외로이 걸어갈 때
생전에 쌓은 재물 소용없다.
평시에 염불수행 모자라면
사후에 악업장애 몰려오고
업식따라 윤회길로 접어드네.

내가 만일 마지막 길에 들어
정신이 혼미하면 가족에게 부탁하여
내 앞에서 슬픔잡담 하지 말고
옆에 앉아 귀에 대고 아미타불
큰소리로 일심염불하소.
말세 되어 불법마저 사라질 때
'나무아미타불' 일백년을 머물러서
말세중생을 구제한다 하였다네.

용수·마명대사 불보살 화신이나
고구정녕 정토법문 설하셨고
혜원은 염불삼매 부처님 친견했고
천태의 염불수행 상품상생 했으며
원효의상 평생염불 정토왕생 했고
건봉사 발징화상 일천인 왕생했다.

월장경 부처님 간곡하신 그 말씀
말세중생이 계행수행 하더라도
내외명철하고 확철대오 이루기는
고금을 통해서도 보기 어렵지만
정토 믿고 발원한 후 염불하면

업장이 있다 해도 누구나 왕생하네.
부처님의 금구 성언
허망한 말 결코 없다.
거룩하다 우리 본사 아미타불
함께 닦은 염불수행 공덕으로
우리 함께 극락정토 왕생하세.

나무아미타불

* 상기 글은 금강산 건봉사에서 간행한 권왕가인데 일제 때 간행한 석문의범 판본을 토대로 번다함을 간추리고 문맥을 참조하여 개작하였습니다.

61 극락정토 왕생가

태어나길 원합니다.
태어나길 원합니다.

극락세계 태어나서
아미타불 친견하고

마정수기 친히받길
간절하게 원합니다.

태어나길 원합니다
태어나길 원합니다.

원하건대 아미타불
법회중에 참예하여

두손으로 향과꽃을
올리고자 하나이다.

연꽃으로 장엄된 곳
극락정토 태어나서

나와 남이 모두함께
성불하길 원합니다.

원하건대 서방정토
극락세계 태어나서

구품단계 피는 연꽃
나의부모 삼게 되고

물러서지 않는 보살
나의 도반 되어지다.

(반 주)

이생에서 이내몸을
제도하지 않는다면

어느 생을 기다려서
이 몸 구제 하려는가.

원하선대 서방성토
극락세계 태어나서

구품단계 피는 연꽃
나의부모 삼게 되고

물러서지 않는 보살
나의 도반 되어 지다
나의 도반 되어 지다

제3장 염불정진회

제1차 천일염불정진회 법회. 2025년 8월 셋째 일요일

62 염불정진회 취지문

　인생은 짧은데 반복되는 윤회는 무시억겁으로부터 시작되어 끝없이 이어지고 있습니다.

이에 과거의 성인들도 이 생사대사生死大事를 해결하기 위해 고행수도 했으며 역대도인들도 목숨 걸고 정진하여 마침내 대도를 이루었는데 우리는 아직도 윤회라는 우주적 감옥에서 벗어나지 못하고 무한한 고뇌를 받고 있으니 이 어찌 통탄할 일이 아니겠습니까.

때문에 현재와 미래의 사람도 생사윤회에서 벗어나기 위해 부단히 수행 정진해야만 합니다.

산승 또한 이 중대한 문제를 해결하기 위해 과거 성인들의 가르침에 의지하여 정진하고 깊이 상고해보니 말세에는 오직 염불문에서 가장 좋은 결과를 얻을 수 있다는 것을 확신하고 산승과 뜻을 함께할 도반들과 염불정진회를 창립하게 되었습니다.

본래 이 마음이 부처요. 자성이 정토라 해도 무명업식無明業識에는 생사윤회가 존재하기에 우리는 이 업식에서 벗어나기 위하여 '참나'를 찾아가는 염불을 해야 합니다. 이제 우리는 바른 염불정진으로 마침내 생사 없는 해탈의 정토로 함께 나아가기를 공경히 권하는 바입니다.

창립일 : 2025년 8월 셋째 일요일

63 염불결사의 기본

1. 염불정진회는 오로지 '나무아미타불' 염불정진하는 수행결사 모임이다. 따라서 본 회는 오로지 염불정진을 통해서 마음정토를 실현하고 불국토를 가꾸며 마침내 극락정토에 왕생(회향)을 근본으로 한다.

2. 염불정진회는 기본적으로 매월 셋째주 금요일저녁부터 넷째주 일요일까지 9박10일간 정진한다. 매월 셋째일요일 오전 11시에는 정기적으로 헌공 마지를 올리는데 상단과 영단에 떡만 올리고 사중에서 과일은 따로 준비하지 않는다. 새벽예불과 사시불공은 법요집 순서대로 한다.

3. 염불정진회는 2025년 8월 셋째 일요일에 창립을 했고 이것으로 1차 천일염불정진을 시작했으며 천일이 되면 그날 바로 2차 천일 염불정진을 시작하되 이렇게 영속적으로 수행정진 한다.

4. 염불정진시간은 새벽기도 하안거(5월~10월)은 5시에서 7시까지. 동안거(11월~4월)은 새벽 6시까지. 법요집 예불문부터~정토 발원문까지 하고, 7시에 아침공양 후 도량청소 풀뽑기 등 운력을 1시간 하며 오전 9시에 입선한다.
(여름에는 큰마음동산에서 명상염불하고 겨울에는 정진법당에서 칭명염불 한다.)

오전 11시에 방선 이후 소임별 봉사 12시 점심 오후 1시 산책 2시 큰마음동산에서 숲속 명상염불 오후3시부터 보행염불정진 4시 휴식, 5시

공양(본 도량은 오후불식을 권장하나 건강상 필요한 사람은 약식을 할 수 있음 저녁 7시 입선(칭명염불) 9시 방선 취침한다.

5. 정진법당에서는 기본적으로 칭명염불과 명상염불을 근기에 따라 겸수하고 숲속과 보행정진과 개인 방안에서는 속으로 "아미타불" 넉 자로 명상염불을 한다.

6. 매월 셋째 주말 전후 10일간은 공식적인 정진법회이지만 그 외에도 큰마음도량에서 정진하고자 하는 사람은 도량 소임자(총무.원주.별좌)에게 말하면 입방이 가능하고 본 사찰의 프로그램에 따라 염불수행을 할 수 있다.

64 염불결사의 마음가짐

우리가 이 험난한 말세에 태어나 정토염불정진을 하는 이유는 크게 두 가지가 있으니 첫째는 다겁생을 윤회하며 살아온 중생들의 업력이 너무나 강력하여 아무리 정진해도 한 생에 생사윤회에서 벗어날 수 없기 때문에 이생에서는 누구나 부처님의 방편성거토方便聖居土인 극락정토가 사실적으로 있다는 것을 믿고 거기에 왕생하기를 발원하며 일심으로 염불정진하자는 것입니다.

둘째는 극락정토란 본래 부처님께서 중생을 구제하기 위한 자비원력이므로 우리의 최종목표는 처음부터 끝까지 시심시불是心是佛이치에 근본을 두고 염불정진하여 마침내 유심정토 자성미타라는 본래부처 법신불에 계합하고자하는 것입니다. 이처럼 최상승법인 염불선에 대한 인식이 바탕 되어 정진할 때 염불수행은 최선의 결과를 이룰 수 있습니다.

염불수행자가 염불일념이 되지 않는 이유는 탐욕과 성냄과 교만과 아집과 아상이 있기 때문입니다. 아무리 철학적 지식이 풍부하고 물질이 풍요해도 마음 닦지 않으면 아무 소용없으니 우리는 모든 것을 내려놓고 부단히 정진하여 마침내 무아무상무심無我無相無心이라는 최상근기의 높은 염불경계에 들어가야 됩니다.

65   염불정진의 조언

우리가 이렇게 좋은 염불수행 하는데 가장 큰 장애는 집착과 아상입니다. 만일 집착 아상을 다스리지 못하면 아무리 염불해도 사상누각과 같아 한번 업풍이 불면 바로 큰 장애가 되므로 수행하는 사람은 세속적인 일에 무심해야 하고 자기 자신에 대해서는 무아상이 되어야 비로소 수행정진 할 기본이 됩니다.

그러므로 염불하는 사람은 항상 무심하여 눈앞에 어떤 상황에서도 시비분별하지 말아야 합니다. 좋고 나쁜 경계에 휘말리면 각종 문제가 일어나 수행할 수 없으므로 현실적인 상황에서도 정진에 흔들리지 않도록 염불에 집중해야 합니다.

만일 현실에 집착하여 이것은 중요한 문제다. 저것은 반드시 자세히 분석하여 결판내야 한다면 그 일은 끝도 없이 이어져 감정만 쌓일 뿐 시비하다 끝이 나고 말 것이니 이는 누구에게도 도움 되지 않습니다.

이 때문에 부처님께서 수행분상에서는 분쟁이 일어날 때 흙으로 풀을 덮어 버리듯이 현상에 무심할 때 마장을 극복하고 마침내 도를 이룰 수 있다고 했습니다.

우리가 진정으로 도를 위해서 여기에 왔다면 이제 더 이상 잡다한 현상에는 무심으로 대하고 누가 시비를 걸어와도 상대하지 말고 내버려 두어야 합니다. 부처님 당시 때 아난존자가 여섯 악성비구의 무례한 행동을 어떻게 대처해야 하는지 물었을 때 부처님께서는 그냥 내버려두라고 했습니다. 우리가 진정으로 수행분상이라면 내버려둔다는 묵빈대척默擯大斥 할 줄 알아야 합니다.

옛 사람이 이르기를
"나고 죽는 문제를 해결하는 일은 매우 중대한데 **生死事大**
세월은 쏜살같이 흘러 어느새 늙어 가는구나. **無常迅速**
때문에 우리는 한 순간이라도 낭비하지 말고 **可惜寸陰**
속히 여기에서 벗어날 길을 찾아야 한다. **速求解脫**"

이제 우리는 더 이상 세속적 시비분별망상으로 인생을 낭비하지 말고 우리에게 가장 중대사인 염불수행 외에는 모든 관심을 끊고 오직 일심으로 염불해야 합니다.

사람들은 세상에서 돈을 잃었다 사업에 실패했다 가정이 어렵다하여 무척 불행하다 생각합니다. 그러나 이것은 작은 잃음이라 언제든지 회복할 수 있으며 어떤 경우는 전화위복이 될 수 있습니다.

그러나 나의 참 마음에 의지하지 않고 거짓에 속아 일생을 보낸다는 것이 가장 큰 잃음입니다. 이제 우리는 세속적 작은 잃음에 연연하지 말고 염불로써 큰 얻음을 이뤄야 합니다. 염불은 모든 것 가운데 최상의 진리이니 이 진리 속에서 안심입명을 얻어야 합니다.

세상일이란 다겁생을 살아오면서 부질없이 생사윤회하면서 얻은 것은 아무것도 없고 업장만 쌓였을 뿐입니다. 그래서 세상법이 아무리 좋다고 해도 집착 애착할 일이 없으며 잃었다고 해서 억울할 것 없다는 것입니다. 왜냐하면 본래 내 것이란 없기 때문입니다. 그러므로 우리는 이제 '나무아미타불' 이러한 법 만남을 다행으로 생각하고 부지런히 염불하기를 권합니다.

정토에 왕생한 사례는 인도 중국 우리나라 일본에서도 그 내용을 기록한 왕생록에도 매우 많이 있습니다. 염불을 최초로 가르친 조사로서 인도의 용수 마명 세친이 있으며, 중국에는 혜원 천태 무상 영명 감산 운루 철오 등이 있고,

우리나라에는 원광 자장 원효 의상 발징 요연 보조 나옹 함허 서산 사명과 근래에는 인곡 자운 수산 법경 청화 월인 등 여러 큰스님들의 염불결사로 인해 우리나라에는 다시 염불수행의 전성시대를 열어가고 있습니다.

정토란 우리가 반드시 가야할 내 마음의 고향이기 때문에 더 이상 허망하고 고통이 많은 윤회계에 집착할 이유는 없으며 이 가운데에서 가장 소중하고 가치 있는 내 마음 찾아가는 염불정진에 대해 더 이상 머뭇거릴 이유는 없습니다.

말세 중생을 구제하는 유일한 방편인 염불수행을 위해 산승 또한 일심으로 염불정진하고 있으니 모든 불자들도 다 함께 극락정토에 왕생하여 무시억겁의 윤회에서 벗어나기를 축원합니다.

명상염불의 길

초판 1쇄인쇄 | 2025년 11월 10일
초판 1쇄발행 | 2025년 11월 16일

저 자 | 원인 比丘
펴낸이 | 한태순
펴낸곳 | 큰마음출판사
기획편집.영업관리 | 박문정(금강화)
교 정 | 정진영(연화심)
출판등록 | 2013년1월25일 제2011-2호
주소 | 경북 봉화군 소천면 고선리 319
염불정진회, 큰마음회, 공식폰
　☎ 010-7365-6331

이 메 일 | mi-so@hanmail.net
다음카페 | 큰마음

ⓒ 원인. 2025
ISBN 978-89-967795-4-4(03220)

※ 책값은 뒤표지에 있습니다. 잘못된 책은 바꿔 드립니다.
※ 저작권법에 의하여 보호를 받은 저작물이므로 무단으로 복사. 전재 하거나 변형하여 사용할 수 없습니다.